Kirsten Patricia Häusler

Aus Brüchen Brücken bauen

Trauernde nach Schwangerschafts-abbruch begleiten

VANDENHOECK & RUPRECHT

Bibliografische Information der Deutschen Nationalbibliothek:
Die Deutsche Nationalbibliothek verzeichnet diese Publikation in der Deutschen Nationalbibliografie; detaillierte bibliografische Daten sind im Internet über https://dnb.de abrufbar.

Umschlagabbildung: Shutterstock.AI

Satz: SchwabScantechnik, Göttingen
Druck und Bindung: BALTO print, Vilnius
Printed in the EU

Vandenhoeck & Ruprecht Verlage | www.vandenhoeck-ruprecht-verlage.com

ISBN 978-3-525-40827-8

Inhalt

Geleitwort

– Aus Brüchen Brücken bauen,
gern schreibe ich ein Geleitwort für dieses außergewöhnliche und wertvolle Buch. Die Autorin hat den Mut und die Kraft, eine eigene schmerzhafte und tiefgreifende Erfahrung anderen als Unterstützung zur Heilung und zum Wachstum zur Verfügung zu stellen.

Bei meiner ersten Begegnung mit Kirsten Patricia Häusler brauchte ich für mich etwas Zeit und ein inneres Bewegen, um das Thema »Schwangerschaftsabbruch und Trauererleben« so einzuordnen, dass ich es wertfrei und empathisch anschauen konnte.

Doch dann war mir schnell klar: Natürlich ist das Trauer, eine erschwerte und noch dazu tabuisierte Trauer. Wir Begleitende haben die Kompetenz, auch diese schmerzliche Trauersituation mit den betroffenen Frauen und auch Männern zu reflektieren und sie zu begleiten.

Ich selbst als Trauerbegleiterin habe gespürt: Da gibt es noch Themen im Umfeld, die mitschwingen und die das Trauer-Paket nicht leichter machen. Schnell rutscht das Umfeld in eine wertende Haltung, was zur Folge hat, dass viele Frauen sich erst einmal gar nicht outen möchten und können und nicht darüber sprechen wollen, denn sie müssen sich bei einem Outing auch dem überwiegenden Unverständnis der Gesellschaft für ihren Trauerprozess aussetzen. So geraten Betroffene schnell in eine Rechtfertigungshaltung.

Doch unser Fokus als Trauerbegleitende liegt in der Begleitung, im Dabeisein in dem herrschenden Gefühlschaos und im Aushalten aller Gedanken und Emotionen. Unsere Aufgabe ist es, die Betroffenen zu ermutigen, sich im Rahmen einer Begleitung ihrem Trauerprozess zu stellen und so einen Heilungsprozess in Gang zu bringen.

Trauer braucht Raum, Trauer braucht eine Stimme, Trauer braucht Menschen im Umfeld, die da sind und qualifiziert begleiten können. Dafür stehen wir Trauerbegleitende in unterschiedlichen Kontexten zur Verfügung. Ich möchte die betroffenen Frauen und Männer gemeinsam mit der Autorin bestärken, sich auch nach der herausfordernden Situation eines Schwangerschaftsabbruchs Unterstützung zu holen und Mut zum Trauern zu haben.

Brigitte Wörner

1 Hinter-Gründe und Vorder-Gründiges

Einleitung

Trauer hat viele Gesichter und Facetten. Als natürliche Reaktion auf Abschied und Verlusterfahrungen durchzieht sie unser ganzes Leben. Denn Leben bedeutet immer auch Abschiednehmen. Alles wandelt sich. Und das Vergängliche ist zugleich das Werdende. Ohne Abschied gibt es keine Entwicklung. Schon die Geburt ist ein erster Abschied. Wenn Tod und Schwangerschaft einander berühren, ist das für Betroffene eine tiefgreifende Grenzerfahrung.

Erfreulicherweise gibt es inzwischen auch zum Thema »Trauer um Sternenkinder« Literatur und unterstützende Angebote. Sowohl Fehlgeburt als auch Stille Geburt werden dabei berücksichtigt. Die Situation von Menschen, die nach einem Schwangerschaftsabbruch trauern, wird dabei zumeist ausgeklammert. Das ist nicht verwunderlich. Denn dass eine Abtreibung zu Trauer führt, scheint eine Quadratur des Kreises zu sein: Schließlich hat sich eine Frau, vordergründig betrachtet, selbst gegen das Leben des Ungeborenen entschieden.

Das Selbstbestimmungsrecht wird in der Debatte um das Abtreibungsgesetz seit Jahrzehnten zu Recht großgeschrieben. In Polen gingen Frauen noch 2021 auf die Straße, um dieses Recht einzufordern. In Deutschland bewegte in den letzten Jahren die Abschaffung des § 219a (Werbeverbot für Abtreibung) die Gemüter. Aktuell wird vermehrt für eine weitere Legalisierung und die Abschaffung des § 218 gestritten. Selbst die Evangelische Bischofskonferenz tritt dabei im Herbst 2023 für die Legalisierung von Schwangerschaftsabbrüchen bis zur 22. Schwangerschaftswoche ein.

Dass eine Abtreibung seelische Wunden nach sich zieht und auch Trauer auslöst, wird in der öffentlichen Debatte in der Regel nicht bedacht. Abtreibungsbefürwortende Studien betonen, dass Beschwerden nach dem Abbruch mehr auf einer grundsätzlichen psychischen Labilität der Betroffenen beruhen als auf der Abtreibung selbst. Das Thema polarisiert: So stehen Abtreibungsbefürwortern radikale Abtreibungsgegner gegenüber, die Abtreibung bei Veranstaltungen wie dem »Marsch für das Leben« als Mord kriminalisieren und sich in der Begleitung Betroffener auf das Thema »Schuld« fokussieren (vgl. Pokropp-Hippen, 2014). Die Umstände, unter denen es zum Schwangerschaftsabbruch kam, werden von ihnen nicht berücksichtigt, und auch in diesem Lager kommen Trauerreaktionen zu wenig oder verzerrt zur Sprache. Die moralische Verurteilung erschwert Frauen die Bearbeitung ihrer Trauer nach einem Abbruch. Denn das Verurteilen verstärkt Schuldgefühle und schwächt das oft verwundete Selbstwertgefühl der Betroffenen zusätzlich. Sowohl Abtreibungsbefürworter als auch Abtreibungsgegner werden in ihren sehr einseitigen und häufig ideologisch verbrämten Positionen der Komplexität des Themas »Schwangerschaftsabbruch« in meinen Augen nicht gerecht.

Ich sehe einen großen Bedarf an wertfreien und stärkenden Trauerbegleitangeboten für Betroffene nach einem Schwangerschaftsabbruch und möchte in diesem Buch Trauerbegleiterinnen Anregungen geben, Menschen in dieser speziellen Trauersituation konstruktiv zu unterstützen. Zugleich ist es mir ein Anliegen, Betroffene zu ermutigen, ihre Trauer überhaupt zuzulassen, und ihnen einen Weg zu ebnen, aus den erlittenen Brüchen Brücken zu bauen.

Ich hoffe, dass meine Ausführungen nicht nur Trauerbegleitenden zu einer differenzierteren Betrachtung des Themas »Abtreibung« verhelfen, sondern auch Ärztinnen und Mitarbeitenden in der Schwangerenkonfliktberatung neue Impulse geben. Darüber hinaus möchte ich zur Enttabuisierung des Themas beitragen. Dabei scheint mir in unserer Zeit weniger der Abbruch selbst das Tabu zu sein, sondern vielmehr die oft verdrängte und aberkannte Trauer nach dem Abbruch. Viele Menschen scheuen sich, offen zu zeigen, dass sie mit einem Schwangerschaftsabbruch nicht zurechtkommen. Das ist verständlich und bestätigt zugleich, wie wichtig es ist, Licht ins Dunkel dieser Trauererfahrung zu bringen.

Das Ziel jeder Trauer ist Verwandlung. Verwandeln kann sich der Schmerz nur, wenn er zugelassen wird. Ziel ist dabei das Integrieren des Erlebten anstelle eines Abspaltens. Verdrängte Gefühle führen mitunter zu psychosomatischen Beschwerden. Insofern ist indirekt auch die Prävention von Krankheiten ein Thema dieser Veröffentlichung. Zwei Leitmotive führen durch das Buch:

»Aus Brüchen Brücken bauen«

Unter diesem Titel verfasste ich 2020 eine Abschlussarbeit im Grundkurs Trauerbegleitung. Das Bild der aus Bruchstücken erbauten Brücken hatte ich im Rahmen meiner damaligen Mitarbeit bei Deborah e. V. im Austausch mit anderen Betroffenen entwickelt. Es steht für die Hoffnung, dass auch nach einem als schweren Bruch erlebten Ereignis Wege gefunden werden können, um gut weiterzuleben. Es ist möglich, aus Bruchstücken Brücken zu bauen – hin zu anderen Menschen, in die Zukunft, zu einem neuen Selbstbild.

Nichts ohne Grund

Ein zweites Bild wurde mir beim Schreiben wichtig: das Bild des Grundes. Dieses Bild ist doppelbödig, und ich verwende es in den Überschriften der einzelnen Kapitel bewusst in seiner Zweideutigkeit. Nichts ohne Grund – das bedeutet zum einen: Alles hat Gründe. Jeder Mensch ist in seinen Entscheidungen geprägt von seinen Vorerfahrungen. Verständnis dafür zu entwickeln, aus welchen Gründen die Entscheidung zu einem Schwangerschaftsabbruch fiel, hilft Betroffenen, das Geschehene einzuordnen und aus der Abwärtsspirale zermarternder Schuldgefühle und Selbstvorwürfe auszusteigen. Ich verstehe die Aussage »Nichts ohne Grund« in diesem Zusammenhang alles andere als verharmlosend.

Die ernsthafte Auseinandersetzung mit den Gründen der Entscheidung für einen Schwangerschaftsabbruch ruft auch dazu auf, eigene Schattenseiten zu beleuchten. Dabei können sich die entstandenen Bruchstücke neu sortieren, sodass aus dem Zusammen-Bruch nach dem Ab-Bruch ein hoffnungsvoller Auf-Bruch in die Zukunft wird. Das Bild »Nichts ohne Grund« beinhaltet das Vertrauen darauf, dass wir als Menschen selbst in der schwersten Lebenskrise gehalten sind und nicht ins Bodenlose fallen: Alles hat seinen Grund. Und dieser Grund trägt. Aus und auf diesem Grund können Wege aus der Trauer heraus in neues Leben gefunden werden.

Ab-Gründe

Auch der als Überschrift über dem zweiten Kapitel verwendete Ausdruck »Ab-Gründe« ist von mir nicht (ab-)wertend gemeint. Er zollt vielmehr der Tatsache Respekt, dass Trauer nach Schwangerschaftsabbruch nicht selten als Erfahrung sehr schmerzlicher Tiefe erlebt wird. Diese Tiefe ist ebenfalls doppeldeutig: Trauer kann Menschen in tiefste Untiefen führen. Sie vermag sie jedoch zugleich zu vertiefen, indem sie ihren Blick auf das Leben verändert.

Wenn »plötzlich alles anders ist«, kann vieles nicht so bleiben, wie es vorher war. Jede Krise lädt dazu ein, sich auf das Wesentliche zu besinnen. Sollte nach einer Krise alles wieder so sein wie zuvor, wäre sie in meinen Augen sogar eine vertane Chance. Wer dem Tal einer Krise auf den Grund geht, kann neuen Grund unter den Füßen gewinnen. Es ist segensreich, diesen Weg mit anderen zu teilen, um aus Brüchen Brücken zu bauen. Und so fügen sich die beiden von mir gewählten Bilder ineinander zu einem Zeichen der Hoffnung.

Aus Gründen der leichteren Lesbarkeit verwende ich feminine und maskuline Formen abwechselnd (Leser oder Leserinnen). Nomen im Plural stehen so für alle Geschlechter.

Ich danke Brigitte Wörner, Monika Müller und Monika Kreiner für die Ermutigung zu diesem Buch und ihre Begleitung meines langen Schreibprozesses sowie Ulrike Rastin für ihre Geduld und Sorgfalt bei der finalen Manuskriptredaktion.

Daneben danke ich allen, die den Mut hatten, ihre Geschichte mit mir zu teilen, und mir erlaubten, hier Bezug auf sie zu nehmen. Nicht zuletzt, sondern im Grunde genommen zuallererst, danke ich meinem ungeborenen Kind Elisabeth Benjamin, das mich vieles über das Leben und die Liebe lehrte und mir die Kraft gab, dieses schwere Thema zu beleuchten. Es ist immer in meinem Herzen. Möge dieses Buch ihm ein kleines Denkmal setzen und ganz dem Leben dienen!

Statistisches und Hilfsangebote

Ein Schwangerschaftsabbruch gilt in Deutschland seit den 1990er Jahren laut Gesetzgeber bis zur zwölften Schwangerschaftswoche als verboten, aber straffrei. Der in einer jahrelangen Debatte überarbeitete § 218 sieht eine gesetzliche Beratungspflicht vor. Die Beratung muss mindestens drei Tage vor dem Abbruch stattgefunden haben. Der Eingriff darf nur von einem Arzt oder einer Ärztin vorgenommen werden.

Dieses Gesetz stellt einen Kompromiss in der Auseinandersetzung zwischen verschiedenen Werten dar: Dem Schutz des ungeborenen Lebens soll in der ergebnisoffen geführten und Unterstützungsmöglichkeiten anbietenden Beratung Sorge getragen werden. Die Entscheidung obliegt im Sinne der Selbstbestimmung der schwangeren Frau. Beeinflussung und Manipulation durch andere Menschen sind gesetzlich verboten.

Unter diesen Rahmenbedingungen entschieden sich in den letzten Jahren jährlich ungefähr 100.000 Frauen für einen Schwangerschaftsabbruch. Diese abstrakte Zahl verrät wenig darüber, wie die Umstände der Abbrüche waren. Auch schweigt sie dazu, wie es den Betroffenen danach ging bzw. geht. Es ist davon auszugehen, dass Frauen eine Abtreibung sehr unterschiedlich erleben und verarbeiten. Gefühle der Erleichterung und der Trauer können dabei nebeneinanderstehen. Leicht macht sich diese Entscheidung vermutlich keine Frau. Denn es ist eine existenzielle und unwiderrufliche Lebensentscheidung.

Im Unterschied zu anderen Entscheidungssituationen bleibt dabei keine Zeit, die Entscheidung in Ruhe reifen zu lassen. Das Zeitfenster der Entscheidungsfindung ist sehr eng. Erschwerend kommt hinzu, dass die hormonelle Umstellung in der Frühschwangerschaft in vielen Frauen ein Gefühlschaos auslöst. Selbst Frauen, die sich nicht die Frage stellen, ob sie ihr Kind bekommen können, sind in dieser Phase oft hin- und hergerissen zwischen Vorfreude und Ängsten und beschreiben die ersten Wochen der Schwangerschaft als belastend. Sie erkennen sich manchmal selbst nicht wieder und reagieren in dieser Phase auf vieles mit großer Verletzlichkeit und Sensibilität.

Das Postulat der Selbstbestimmung im Schwangerschaftskonflikt ist vor diesem Hintergrund in seiner realen Umsetzung zumindest infrage zu stellen, und zwar insbesondere, wenn das Umfeld bei der Entscheidungsfindung entgegen der gesetzlichen Vorgabe Einfluss nimmt. Dies kann durch den Kindsvater und die Großeltern des Ungeborenen geschehen oder auch durch Ärzte, die in unterschiedlicher Weise die Risiken einer Spätschwangerschaft bzw. im Rahmen der Pränataldiagnostik Anzeichen einer gesundheitlichen Beeinträchtigung des Ungeborenen kommunizieren.

Die Einflussnahme von außen, die durch die viele Schwangere verunsichernde hormonelle Veränderung erleichtert wird, verursacht besonders bei Frauen, die sich ihr Kind wünschten, einen enormen Stress. Es ist wissenschaftlich erwiesen, dass die vermehrte Ausschüttung von Stresshormonen den eigenen Aktionsradius einschränkt. Deshalb ist es in Stresssituationen nahezu unmöglich, Entscheidungen in innerer Freiheit zu treffen. Kommt eine Frau nach dem Abbruch mit ihrer Entscheidung nicht zurecht, wird sie ungeachtet der im Schwangerschaftskonflikt häufig vorhandenen Mitwirkung von außen weitestgehend alleingelassen und erntet für ihre nicht selten auftretenden Trauerreaktionen eher Unverständnis als Mitgefühl. Dazu trägt auch der sich in der aktuellen Gesetzeslage widerspiegelnde gesellschaftliche Konsens bei, dass Abtreibung ein gut gangbarer Weg sei.

Die Konfrontation mit dem weit verbreiteten Unverständnis und das Fehlen von Begleitangeboten erschweren den Trauerprozess Betroffener zusätzlich. Nur vereinzelt finden sich im Internet Adressen, die Unterstützung nach einem Schwangerschaftsabbruch anbieten. Neben den von Betroffenen selbst gegründeten Vereinen Rahel e. V. und Deborah e. V. gibt es Foren zum Austausch.

In den vorhandenen Hilfsangeboten spiegelt sich zumeist die Grundhaltung der Anbietenden wider. Die Komplexität des Themas »Abtreibung« berücksichtigen auch solche Angebote in meinen Augen zu wenig. Zuweilen unterscheiden sie zwischen Früh- und Spätabtreibungssituationen sowie zwischen Trauerreaktionen nach Abbrüchen wegen medizinischer und sozialer Indikation und vernachlässigen, dass auch ein Frühabbruch ohne medizinische Indikation Trauer auslösen kann.

Hinsichtlich der ungeborenen Kinder frage ich mich grundsätzlich: Wieso gilt ein Ungeborenes in Abhängigkeit von der Entwicklungswoche und den Gründen für seine Abtreibung einmal mehr und einmal weniger als Mensch? Wieso wird die Trauer um ein durch eine Fehl- oder Totgeburt verlorenes Sternenkind viel eher verstanden und gesellschaftlich mitgetragen als die Trauer um ein Ungeborenes, das durch äußere Einwirkung nicht auf die Welt kam?

Gruppen mit Präsenzangeboten für Trauernde nach einem Schwangerschaftsabbruch gibt es kaum, auch vor dem Hinter-Grund, dass Scham die Betroffenen oft schweigen lässt (Ausnahme: Villa Vie Bochum und Kontakttreffen für Eltern nach einem Schwangerschaftsabbruch, angegliedert an die Diakonie Karlsruhe und aufzufinden unter www.pnd-beratung.de/termine). Vielen Betroffenen ist nicht bewusst, dass die im Schwangerschaftskonflikt zuständigen Beratungsstellen auch nach dem Abbruch ansprechbar sind, um die Bearbeitung der gemachten Erfahrung zu begleiten. Sowohl im nachsorgenden Kontakt mit den Beratungsstellen als auch im Kontakt mit Ansprechpartnerinnen der oben genannten Vereine kann der Austausch als entlastend und stärkend oder zusätzlich belastend erlebt werden. Letzteres ist vor allem der Fall, wenn das Thema »Schuld«

zu stark in den Vorder-Grund rückt und evangelikal geprägte Einstellungen das Beratungsgespräch leiten. Die Qualität eines Hilfsangebots entscheidet sich mit an der Haltung der Beratenden sowie der persönlichen Sympathie zwischen ihr und der Trauernden.

Zweifelsohne verlangt Trauerbegleitung nach einem Schwangerschaftsabbruch besonderes Fingerspitzengefühl. Denn nicht nur vordergründig betrachtet, ist die Trauer nach einer Abtreibung dem Bereich Erschwerte Trauer zuzuordnen.

2 Ab-Gründe: »Und plötzlich ist alles anders«

Vorüberlegungen: Erschwerte Trauer – Eine Bergtour mit Hindernissen

Willi Butollo und Gabriele Pfoh definieren das Phänomen der sozial aberkannten Trauer als »eine Form der Trauer [...], die in der Gesellschaft keine Anerkennung findet. Oft ist sie mit schuld- oder schambesetzten Beziehungen verbunden. Oder es sind moralische Vorstellungen daran geknüpft und Trauernde meinen, dass ihnen die Trauer [...] nicht ›zusteht‹. Das [...] berichten etwa Frauen, die sich für eine Abtreibung entschlossen hatten und um ihr ungeborenes Kind trauern« (Butollo u. Pfoh, 2016, S. 88).

Kenneth Doka benutzt im Zusammenhang mit sozial aberkannter Trauer den noch eindringlicheren Begriff der entrechteten Trauer und fasst deren Dilemma so zusammen: »Das Problem entrechteter Trauer kann in einem Paradoxon ausgedrückt werden: Die Natur der Entrechtung erschwert die Trauer, wobei gleichzeitig mögliche Quellen von Hilfe und Unterstützung minimiert werden« (Doka, 2014, S. 8).

Der Weg durch die erschwerte Trauer lässt sich mit einer Bergtour vergleichen, bei der besonders schwere Steine im Rucksack jeden Schritt belasten. Einige solcher Steine können zu Felsbrocken werden. Das ist insbesondere der Fall, wenn Schuldgefühle und Scham das Zulassen von Trauer blockieren.

Die eigene (Mit-)Verantwortung am eingetretenen Trauerfall bei einem Schwangerschaftsabbruch kann emotional zu einer

Quadratur des Kreises führen. Darf eine Frau trauern, die sich, vordergründig betrachtet, selbst dazu entschieden hat, dass ihr Kind nicht geboren wird? Wie kann eine Betroffene ihre Trauer leben, wenn sie keinen Ort des Gedenkens hat und auch keine Abschiedsrituale? Wenn Erinnerungen an die gemeinsame kurze Zeit hauptsächlich Erinnerungen an einen schweren inneren Kampf sind mit einer Entscheidung, die sie an den Rand ihrer Kräfte brachte?

Wie kann um ungelebtes Leben getrauert werden? Was hilft einer Trauernden, zu begreifen, was sie verlor, wenn kein persönliches Abschiednehmen möglich war? Wie kann sie um ein Kind trauern, von dem das einzige Bild eine unscharfe Ultraschallaufnahme ist? Um ein namenloses Kind, von dem nicht einmal das Geschlecht bekannt war und das sie nicht kennenlernte, obwohl sie es sich unter Umständen sogar gewünscht hatte und es ihr körperlich und in vielen Fällen auch in der emotionalen Wahrnehmung einige Wochen lang näher war als jeder andere Mensch? Solche Gedanken können zu Grübelschleifen führen, in denen Betroffene sich verheddern und durch die sie immer wieder in tiefe Täler der Selbstvorwürfe zurück- oder sogar umgeworfen werden.

Dabei stellt der Verlust eines Kindes per se schon einen erschwerten Trauerfall dar. Natürliche Lebensgesetze werden dabei auf den Kopf gestellt: Kinder sollten nicht vor ihren Eltern sterben. Kinder sollten das Leben noch vor sich haben. Wer selbst entschied, dass das eigene Kind kein Leben auf der Erde haben wird, für den ist es eine große Herausforderung, sich überhaupt zu erlauben, um dieses Kind zu weinen. Schuldgefühle und Scham führen nach einem Schwangerschaftsabbruch außerdem oft dazu, dass Betroffene die Bergtour Trauer ohne unterstützende Seilschaft antreten müssen: Sie schweigen über ihre Erfahrung aus Angst vor Verurteilung, Ablehnung und Unverständnis oder auch aus dem berechtigten Empfinden heraus, dass ihre Entscheidung zutiefst persönlich ist.

Und so bleiben viele Frauen nach einem Schwangerschaftsabbruch mit ihrer Trauer allein. Es fehlt ihnen eine Solidargemeinschaft. Jede Trauergemeinschaft ist jedoch zugleich eine Trostgemeinschaft. Wer mit einem Trauerfall allein gelassen ist, dem fehlen Anteilnahme und Mitgefühl. Sofern Trauer nach einem Schwangerschaftsabbruch nach außen kommuniziert wird, wird sie schnell von einer erschwerten zur sozial aberkannten Trauer.

Sätze wie »Du hast es doch selbst so gewollt« oder »Es war doch noch gar kein richtiges Kind. Also worum willst du trauern?« sprechen den Frauen jegliches Recht auf Trauer ab. Häufig verbieten sich Betroffene ihre Trauer auch selbst mit solchen Gedanken. Zuweilen bricht die Trauer erst Jahre später auf, ausgelöst durch Trigger wie die Geburt anderer Kinder, einen weiteren Schwangerschaftskonflikt in der Familie, eine bedrohliche Krankheit oder sonstige Lebenskrisen. Dann wird die erschwerte und sozial aberkannte Trauer zusätzlich zur zeitverzögerten Trauer, was wiederum spezielle Herausforderungen mit sich bringt.

Zu Recht lässt sich Trauer nach einer Abtreibung zusammenfassend als eine von hohen Felswänden geprägte Bergtour und steile Kletterpartie bezeichnen. Die schweren Steine im Rucksack können nur langsam ausgeräumt werden, in der Hoffnung, dass darunter stärkende Ressourcen wie in früheren Lebenssituationen erprobte Strategien zum Umgang mit Abschied und Verlust auffindbar sind.

Was brauchen Betroffene an Proviant, um den steilen Bergaufstieg ohne Seilschaft zu schaffen? Was hilft ihnen über den Berg ihrer Wanderroute durch die Trauer hinweg? Diesen Fragen gehe ich später auf den Grund. Zunächst sollen einige Betroffene zu Wort kommen.

Fallbeispiele

»Nicht, was wir erleben, sondern wie wir empfinden, was wir erleben, macht unser Schicksal aus.«
(Marie von Ebner-Eschenbach)

Die folgenden Fallbeispiele veranschaulichen das Dilemma, in dem sich Betroffene befinden, wenn ein Schwangerschaftsabbruch in ihnen Trauer auslöst.

Ich lasse die Berichte zunächst unkommentiert so stehen, um die Erfahrungen für sich sprechen zu lassen. Dabei habe ich mich entschieden, den Fokus auf Frühabtreibungen zu legen, die nicht aus medizinischen Gründen vorgenommen werden. Der Bereich der Spätabtreibungen nach medizinischer Indikation, der eng verquickt ist mit dem Themenfeld der Pränataldiagnostik, birgt zusätzliche Fragen und Herausforderungen, die den Rahmen dieses Buches sprengen und einer eigenen Betrachtung würdig wären. Der Vollständigkeit halber möchte ich an dieser Stelle festhalten, dass es auch etliche Menschen gibt, die eine Abtreibung weniger dramatisch erleben als in den Fallbeispielen geschildert und mehr oder weniger gut damit zurechtkommen. Deren Erfahrungen sind nicht Thema dieses Buches und werden deshalb nicht gesondert von mir betrachtet. Gerade denjenigen aber, die unter Trauer nach einem Schwangerschaftsabbruch leiden, möchte ich eine Stimme geben. Denn sie werden in der Debatte um das Abtreibungsrecht und in der Trauerbegleitung zumeist übergangen. Wichtig ist mir, dass das Aufzeigen möglicher psychosozialer Folgen einer Abtreibung nicht wertend verstanden wird. Im Klartext: Ich grenze mich explizit von Abtreibungsgegnern und evangelikalen Stimmen ab, die Trauer und Schmerz nach einem Schwangerschaftsabbruch als Strafe verstehen.

Es soll in diesem Buch mitnichten um moralisches Verurteilen gehen. Denn aus eigener Erfahrung weiß ich, wie schwer allein schon der Weg hin zu der Entscheidung für eine Abtreibung ist, dass diese alles andere als leichtfertig gefällt wird und dass es Menschen, die derlei nicht erleben, schwer vermittelbar bleibt, was das Schmerzerleben nach dem Abbruch ausmacht. Auch weil sie in der Regel nicht ahnen, was die genauen Hintergründe eines Schwangerschaftsabbruchs sind, steht es Nichtbetroffenen meines Erachtens nicht zu, Frauen für eine Abtreibung zu verurteilen.

Da das Lesen der Fallbeispiele für Frauen, die noch sehr unter einer nicht lange zurückliegenden Abtreibung leiden, Trigger beinhalten könnte, bitte ich alle Leserinnen, gut für sich zu sorgen und sich Hilfe zu holen, sollte die Lektüre zu belastend sein.

Christina: »Ich blicke in einen Abgrund von Schmerz«

»Als ich schwanger wurde, war ich schon 40 Jahre alt. Ich hatte mir das Kind insgeheim gewünscht und galt seit Jahren als unfruchtbar. Der positive Schwangerschaftstest löste ein Chaos von Gefühlen in mir aus. Einerseits erfüllte mich riesige Freude über das kleine Wunder in mir. Andererseits spürte ich Panik in mir aufsteigen, denn ich kannte den Vater meines Kindes erst kurze Zeit. Seine Reaktion zog mir den Boden unter den Füßen weg. Er warf mir an den Kopf, dass ich ihn reingelegt hätte. Es komme für ihn nur eine Abtreibung infrage. Bekäme ich das Kind, würde er sich das Leben nehmen.

In der Hoffnung auf eine andere Lösung stimmte ich dem Besuch einer Beratungsstelle zu. Ich wurde an den Tagen vor dem Beratungstermin zunehmend depressiv und angsterfüllt. Wie sollte ich mein Kind allein großziehen? Was, wenn mein Partner sich wirklich das Leben nehmen würde? Suizid hatte in meiner Herkunftsfamilie eine Rolle gespielt und war für mich gefühlt eine reale Bedrohung. Gleichzeitig war von Anfang an eine tiefe Liebe für das Ungeborene in mir. Und es war für mich auch von meiner Grundeinstellung her undenkbar, abzutreiben. Die Beraterin nahm sich viel Zeit für uns. Konkrete Hilfsangebote wollte sie aber erst besprechen, wenn ich mich für das Kind entschieden hätte.

Ich war wie gelähmt und sagte, eine Abtreibung komme für mich nicht infrage, ich sei jedoch voller Ängste, wie ich das alles allein schaffen sollte. Ich wurde aufgefordert, mich nacheinander auf zwei Stühle zu setzen und mir vorzustellen, wie es wäre, das Kind zu bekommen oder es eben abzutreiben. Als ich auf dem zweiten Stuhl saß, sagte ich: ›Ich blicke in einen Abgrund von Schmerz.‹ Daraufhin entgegnete die Beraterin, ich säße auf diesem Stuhl allerdings schon länger als auf dem anderen. Auch solle ich mich fragen, ob ich in meiner Depressivität in der Lage wäre, allein ein Kind großzuziehen. Es gebe Studien, die belegten, dass Frauen einen Schwangerschaftsabbruch gut verkraften. Das Leben als Alleinerziehende hingegen sei sehr schwer.

Die wenigen Menschen, die ich eingeweiht hatte, wunderten sich, dass ich nach dem Beratungsgespräch keine andere Option mehr sah und einer Abtreibung zustimmte, die ich vorher abgelehnt hatte. Ich zog mich nach der Beratung von allen zurück, die mir hätten helfen können, und starrte stundenlang nur die Wand an.

Meinem Kind habe ich einen Abschiedsbrief geschrieben und bittere Tränen um es geweint. In der Tagesklinik, in der ich unkompliziert einen Termin erhalten hatte, wollte ich umkehren. Aber ich hatte keine Kraft mehr. Als die Ärztin mich fragte, ob ich entschieden sei, antwortete ich, ich wisse überhaupt nichts mehr, ich sei einfach nur verzweifelt. Dann ging alles sehr schnell. Als die Narkose einsetzte, dachte ich, ich müsste jetzt wirklich gehen, aber das konnte ich nicht mehr. Im nächsten Moment fasste die Ärztin mich an der Hand: ›Es ist alles vorbei‹, sagte sie. Und ich wusste beim Erwachen aus der Narkose sofort: ›Nein, das geht nie vorbei. Es hat eben alles erst angefangen.‹

Daheim brach ich zusammen und wollte mir das Leben nehmen. Da hörte ich ein zartes Stimmchen zu mir sagen: ›Nein, Mami, eine von uns muss weiterleben. Sonst war alles umsonst. Bitte hol dir Hilfe!‹ Ich rief die Telefonseelsorge an. Der Mann am anderen Ende der Leitung war überfordert und riet mir, zu einem Arzt zu gehen. Ich ließ mich schließlich in ein psychiatrisches Krankenhaus einliefern. Die eigentliche Trauer begann erst Monate später. Zunächst ging es darum, wieder schlafen und den Alltag schaffen zu können. Und ich schlief lange Zeit ein und wachte auf mit einem schreienden Schmerz und zermürbenden Schuldgefühlen. Den Kontakt zu dem Kindsvater hatte ich nach der Abtreibung abgebrochen; ich konnte seine Nähe nicht mehr ertragen. Auch von vielen Freunden und meiner Herkunftsfamilie zog ich mich zurück. Die Menschen in meinem Umfeld waren fast alle überfordert mit meiner Situation und zum Teil verständnislos, andere konnten mit meiner Depressivität nicht umgehen und wussten sie nicht einzuordnen. Plötzlich war alles anders. Das hatte ich direkt nach dem Schwangerschaftstest gedacht. Und es wurde auch später nie wieder so, wie es vorher war. Auch wenn ich inzwischen einen Umgang damit gefunden habe, wird es mich immer begleiten.«

Sonja: »Meine Mutter konnte nicht verstehen, dass ich traurig war«

»Als ich kurz vor dem Abitur schwanger wurde, war das für meine Mutter eine klare Sache: Jetzt bloß kein Kind. Das würde mein Leben zerstören. Sie setzte mich unter Druck, abzutreiben. Es sei mein gutes Recht, und sie habe es schließlich auch getan. Im Chaos meiner Gefühle zusätzlich zu erfahren, dass ich eigentlich ein Geschwisterchen hätte, setzte mir sehr zu.

Ich war als Einzelkind aufgewachsen und hatte mir immer Geschwister gewünscht. Der Vater meines Ungeborenen und ich waren nicht mehr zusammen, als ich meiner Mutter meine Schwangerschaft anvertraute. Wir hatten uns in einem Ferienlager als Betreuer kennengelernt. Nach der Rückkehr in den Alltag hatte er mir gestanden, bereits verheiratet zu sein. Ich sei für ihn nur ein Sommerflirt gewesen und habe nichts von ihm zu erwarten.

Als meine Mutter auf mich einredete, ich solle das Kind wegmachen lassen, dann sei alles wieder gut, fühlte ich mich doppelt alleingelassen und abgrundtief verzweifelt. Denn eine solche Entscheidung fühlte sich nicht richtig für mich an. Aber ich sah keine Alternative. Meine Mutter konnte nicht verstehen, dass ich traurig war. Sie hatte sich in der Frauenbewegung mit für die Liberalisierung des Abtreibungsrechts eingesetzt und sagte, sie habe ihren Abbruch keinen Tag bereut. Das sei kein großes Ding, die Schwangerschaft jetzt zu beenden. Denn was da in mir wachse, sei noch kein Kind, sondern nur ein Zellklumpen.

Ich habe nach der Abtreibung versucht, alles zu verdrängen. Zum Studium zog ich in eine andere Stadt, weit weg von meiner Mutter. Ich brach den Kontakt zu ihr ab, weil ich mich von ihr im Stich gelassen gefühlt hatte. Später war ich beruflich erfolgreich und fühlte mich innerlich wie tot. Mich emotional auf einen Mann einzulassen, fiel mir schwer. Stattdessen stürzte ich mich in eine Affäre nach der anderen. Viele Jahre trieb ich exzessiv Sport, um mein Gewicht unter Kontrolle zu halten, und ich rutschte in eine Essstörung. Als ich die Nachricht bekam, dass meine Mutter verstorben war, ist vieles in mir hochgekommen. Neben der Trauer um meine Mutter holte mich plötzlich auch die jahrelang weggeschobene Trauer um mein ungeborenes Kind und mein ungeborenes Geschwisterchen ein. Ich war völlig neben der Spur, konnte nicht mehr arbeiten und hatte niemanden, mit dem ich darüber sprechen konnte.

Eine meiner wenigen Freundinnen, die ich bei der Beerdigung meiner Mutter wiedergetroffen hatte, kümmerte sich um mich. Nicht ahnend, dass ich nicht nur um meine Mutter trauerte, empfahl sie mir einen Psychotherapeuten und eine Trauerbegleiterin. Ich hatte Glück im Unglück. Beide ließen mich einfach erzählen, ohne mich zu verurteilen. Das half mir, langsam ins Leben zurückzufinden.

Ich konnte mich später mit einem Ritual von meinem ungeborenen Kind und meinem Geschwisterchen verabschieden. Jetzt bin ich über 40. Obwohl ich mir inzwischen ein Kind wünschen würde, ist es unwahrscheinlich, dass ich noch einmal schwanger werde. Das finde ich traurig, dass ich meine einzige Chance, Mutter zu werden, nicht nutzen konnte. Aber was ich mir jetzt in erster Linie wünsche, ist eine gute Partnerschaft. Das könnte noch klappen und wäre wirklich schön. Endlich ankommen …«

Joachim: »Verarbeitet habe ich es nie so recht«

»Wir waren noch im Studium, als meine erste Freundin ihre Schwangerschaft abbrach. Dass ich in den Entscheidungsprozess nicht miteinbezogen wurde, hat mich traurig gemacht. Gleichzeitig habe ich mit meiner eigenen Unachtsamkeit gehadert, die meine Freundin in diese Situation gebracht hatte. Es machte mich wütend, dass das alles passiert war. Da ich mich mit meinen Gefühlen allein fühlte, habe ich versucht, den Abbruch zu verdrängen. Die Beziehung zu meiner Freundin ist danach zerbrochen. Verarbeitet habe ich es nie so recht, dass mein erstes Kind nicht geboren wurde. Ich träumte oft von toten Kindern im Keller meines Elternhauses. Meine Mutter hatte nach meiner Geburt eine Zwillingsschwangerschaft abgebrochen.

Das war ein Familiengeheimnis und wurde totgeschwiegen. »Darüber spricht man nicht!«, sagte meine Mutter. Erst viel später konnte ich mich anderen Menschen mit meiner Geschichte anvertrauen. Obwohl ich noch Vater zweier geborener Kinder wurde, habe ich mein erstes Kind nie vergessen können. Eine Familienaufstellung brachte mich dem Frieden näher. Bei der Aufstellung trat das Ungeborene in Erscheinung und freute sich, mich zu sehen. Es machte mir keine Vorwürfe und war einfach nur voller Liebe. Das hat mich mit mir selbst versöhnt.

Dennoch wünsche ich diese Erfahrung niemandem. Ich frage mich oft, was sich gesellschaftlich ändern müsste, um jungen

Frauen die Angst davor zu nehmen, ein ungeplantes Kind großzuziehen. So eine Abtreibung ist kein Pappenstiel. Sie sollte die Ultima Ratio sein. Und es sollte auch möglich sein, offen darüber zu sprechen, dass man damit nicht klarkommt. Die Debatte um die Streichung des § 219a hat mich insofern aufgeregt, als sie ausgeblendet hat, dass eine Abtreibung Folgen hat, und so das Thema in gewisser Weise noch mehr bagatellisierte. Aber wer stellt sich schon gern hin und spricht öffentlich darüber, dass er mit einem Abbruch nicht klarkommt? Das ist immer noch ein Tabuthema. Es macht einen angreifbar. Und verstehen können es wohl die wenigsten.«

Daniela: »Vergessen werde ich es nie. Das wäre Verrat«

»Ich wollte immer eine gute Mutter sein. Bei der Geburt meiner beiden ersten Kinder war ich noch sehr jung und mitten in der Ausbildung. Nach der Trennung von meinem damaligen Partner stand ich plötzlich als Alleinerziehende ohne abgeschlossene Berufsausbildung da. Irgendwie habe ich uns mit Jobs immer durchgebracht und nebenher mein Studium zur Sozialpädagogin abgeschlossen. Kräftemäßig ging ich oft am Limit. Aber ich habe es geschafft. Als meine Kinder fast erwachsen waren, lernte ich einen neuen Partner kennen. Ausgerechnet zu der Zeit, als ich die Leitungsfunktion in einem Jugendamt angeboten bekam, stellte ich fest, dass ich wieder schwanger war. Mein Partner sagte, es sei meine Entscheidung, ob ich das Kind bekäme. Ich habe sehr mit mir gekämpft und gemerkt, dass ich nicht die Kraft hatte, jetzt noch einmal ein Kind großzuziehen. Auf dem Weg zur Abtreibung war mir gleichzeitig klar, dass das jetzt nicht leicht würde. Es gab keine Wahl zwischen ›richtig‹ und ›falsch‹ für mich, sondern nur zwischen ›schwer‹ und ›schwer‹.

Nach dem Abbruch erkannte ich mich im Spiegel selbst nicht mehr. Ich hatte schon immer einen hohen Selbstanspruch und empfand die Abtreibung als Versagen. Auch fühlte ich mich körperlich und seelisch verwundet und hatte Angst, dass in der Familie jemand von meinem Abbruch erfahren könnte. Außer meinem Partner habe ich lange niemandem davon erzählt. Ich versuchte, mich zusammenzureißen, und habe einfach nur funktioniert. Wenige Tage nach dem Abbruch hatte meine Arbeit auf dem Jugendamt begonnen. Das war bitter: Mich beruflich um bedürftige Kinder zu kümmern und zu wissen, dass ich mein eigenes Kind nicht bekommen hatte.

Viele Jahre konnte ich mir das nicht verzeihen. Meinen geborenen Kindern habe ich bis heute nichts von ihrem Geschwisterchen erzählt. Ich galt immer als vorbildliche Mutter. Wie sollte ich ihnen so etwas begreiflich machen? Es war belastend für sie, mich manchmal weinend anzutreffen, ohne zu verstehen, was los war. Im Traum ist mir das Ungeborene oft erschienen. Ich glaube, es war ein Mädchen. In jeder Kirche, die ich betrat, habe ich ihm eine Kerze angezündet.

Heute denke ich, die Entscheidung für den Abbruch war auch eine Entscheidung für mich selbst. Zum ersten Mal war ich nicht über die Grenzen meiner Kraft hinausgegangen, sondern hatte mir eingestanden, dass ich etwas nicht schaffe.

Ich habe in meinem Tagebuch von dem ungeborenen Kind erzählt. Ich tat das in der Hoffnung, dass seine Geschwister später, wenn ich nicht mehr da bin, davon lesen und mich nicht verurteilen. So möchte ich meinem dritten Kind ein Denkmal setzen. Ich kann inzwischen einigermaßen damit leben. Aber vergessen werde ich es nie. Das wäre Verrat.«

Die Fallbeispiele zeigen: Jede Geschichte der Trauer nach einer Abtreibung ist einzigartig. Und jede Geschichte betrifft nicht nur die Kindsmutter, sondern auch etliche andere Personen ihres Beziehungsgefüges. Gleichzeitig wird an den Beispielen deutlich, dass die Trauer dabei viele verschiedene Facetten hat. Beides soll im Folgenden beleuchtet werden.

3 Der Trauer auf den Grund gehen

Trauer und Schwangerschaftsabbruch als Beziehungsgeschehen: Fehlt ein Glied am Mobile …

Alles Lebendige entfaltet sich in einem Beziehungsgeflecht. Wir hängen als Menschen mit anderen zusammen wie Glieder an einem Mobile. Fehlt ein einziges Glied, wirkt sich das auf das Ganze aus. In Trauersituationen wird das besonders spürbar. Im besten Fall verbindet Trauer die Menschen, indem sie Räume zu neuer und tieferer Begegnung öffnet. Allerdings kann Trauer Menschen auch trennen und in die Einsamkeit führen. Das geschieht besonders oft in erschwerten und tabuisierten Trauersituationen.

Selbst bei einem Rückzug in die soziale Isolation bleiben Trauernde jedoch Teil ihres Familiensystems. Ein mit Trauer verbundener Schwangerschaftsabbruch betrifft sowohl im Vorfeld der Entscheidung als auch danach selten die schwangere Frau allein: Bereits im Schwangerschaftskonflikt wirkt sich das Beziehungssystem aus. Erfahrungen mit der Herkunftsfamilie und die Haltung des Kindsvaters bestimmen diese zutiefst persönliche Entscheidung mit. Nicht selten steht die Tragfähigkeit eines Familiensystems sowohl im Schwangerschaftskonflikt als auch danach auf dem Prüfstand. Darüber hinaus bleibt meines Erachtens auch das Ungeborene ein nicht zu übergehendes Glied am Mobile seines Familiensystems, das in Wechselwirkung mit geborenen und weiteren ungeborenen Familienmitgliedern steht: Es fehlt nach der Abtreibung unter Umständen nicht nur seiner Mutter, sondern auch dem Vater, geborenen Geschwistern, Großeltern und vielen anderen Menschen.

Die vielfältigen Aspekte der Mitbetroffenheit anderer Familienmitglieder lassen sich in zwei Wirkweisen einteilen: in eine direkte Betroffenheit, sofern Familienangehörige um den Abbruch wissen und bewusste Trauerreaktionen erleben, und in eine indirekte Betroffenheit, bei der ein Abbruch tabuisiert ist und sich doch auf andere auswirkt, indem er beispielsweise die Mutter des Ungeborenen in ihrem Verhalten und ihrem Verhältnis zu anderen verändert.

Abtreibungen zählen zu den am besten gehüteten Familiengeheimnissen. Diese wirken auch im Verborgenen. Besteht eine Mitwisserschaft einzelner Familienmitglieder, kann dies zu Loyalitätskonflikten führen, etwa wenn Eingeweihte um das Versprechen gebeten wurden, das Offenbarte für sich zu behalten, und so unter dem Druck stehen, zu schweigen oder das Geschehen sogar durch Lügen zu decken. Die Eingeweihten wollen das Vertrauen der Betroffenen nicht enttäuschen und versuchen, mit sich selbst auszumachen, was das Mitwissen in ihnen auslöst. Häufig geraten auch sie dabei in ein Dilemma.

Im Folgenden beleuchte ich die einzelnen Beziehungen genauer, die von einem Schwangerschaftsabbruch betroffen sind.

Mutter und Kind – eine besondere Beziehung

Die Mutter-Kind-Beziehung ist in der Regel eine besondere und überaus sensible. Den Verlust eines Kindes bezeichnen viele Mütter als das Schlimmste, was ihnen zustoßen könnte. Die Trauer um ein verlorenes Kind zählt auch in der Trauerbegleitung zu den schwierigsten aller Trauersituationen. Die Verzweiflung über den Verlust eines Kindes zieht nicht selten einen ernst zu nehmenden Nachsterbewunsch nach sich. Werden Schuldgefühle in der Trauer um ein Kind übermächtig, kann dies sogar zu Suizidalität als Ausdruck eines Verlangens nach Selbstbestrafung führen. Letzteres betrifft in besonderer Weise Frauen nach einem Schwangerschaftsabbruch. Die Entscheidung gegen das eigene Kind empfinden viele Frauen als Beziehungsbruch und Verrat. Sich die Trauer zu erlauben, fällt ihnen schwer. Scham, Schuldgefühle und Selbstanklage blockieren sie.

Hinsichtlich der Mutter-Kind-Beziehung beschäftigen mich viele grundsätzliche Fragen: Wann ist eine Mutter eine Mutter? Was ist eine gute Mutter? Wann beginnt die Beziehung zwischen Mutter und Kind? Wann endet sie bzw. endet sie überhaupt oder ist sie unauflöslich? Welche Rolle spielt der in unserer Gesellschaft hohe bis überhöhte Anspruch an Mütterlichkeit bei der Entscheidung im Schwangerschaftskonflikt bzw. wo trägt dieser Anspruch dazu bei, dass eine Schwangerschaft zum Konflikt wird? Welche Rolle spielen eigene Muttererfahrungen bei der Entscheidung für oder gegen ein Kind? Wie kann eine Frau, die nach einem Abbruch trauert, ihre Mütterlichkeit in anderer Weise leben?

Auf diese Fragen gibt es keine leichten und allgemeingültigen Antworten. Entscheidend bleibt für mich die individuelle Erfahrung der Betroffenen und wie diese von ihr erlebt und eingeordnet wird.

Auch Frauen, die ihr Kind nicht geboren haben, berichten, dass die Beziehung zu diesem Kind bereits in der (Früh-)Schwangerschaft begann. Sie ist insofern unvergleichlich, als das Kind zum einen ein Teil der Mutter ist, zum anderen von Anfang an als eigene, individuelle, wenn auch noch nicht eigenständige Person angesehen werden kann. Dieser Aspekt wird in meinen Augen von Abtreibungsbefürwortern vernachlässigt. In Begriffen wie »Schwangerschaftsgewebe« sprechen diese dem Ungeborenen ab, bereits ein einzigartiger Mensch zu sein. Gleichzeitig leuchtet ein, dass ein ungeborenes Menschenkind nicht gegen den Willen seiner Mutter geschützt werden kann. Denn es ist noch vollständig auf die Mutter angewiesen und ohne sie nicht überlebensfähig.

Im Spannungsfeld zwischen dieser symbiotischen Verbindung und der individuellen Einzigartigkeit des Ungeborenen als einem vollwertigen Gegenüber entfaltet sich die Beziehung zwischen der (werdenden) Mutter und ihrem (ungeborenen) Kind. Je höher der eigene Anspruch an Mutterschaft ist, desto unlösbarer kann dieses Spannungsfeld für Schwangere werden. Die Ambivalenz zwischen Kinderwunsch und Angst, den Anforderungen einer Mutterschaft nicht zu genügen, ist in einem Schwangerschaftskonflikt überaus belastend. Grundsätzliche Bindungsfragen und eigene Beziehungserfahrungen spielen dabei eine Rolle: Wie habe ich als Kind meine Mutter erlebt? (Wie sehr) bin ich bereit, meine persönliche Freiheit für ein von mir abhängiges kleines Wesen einzuschränken? Wie gehe ich mit Nähe und Distanz um? Wie tragfähig ist meine Beziehung zum Kindsvater? Bin ich bereit, Hilfe anderer anzunehmen, falls der Vater meines Kindes keine Mitverantwortung übernimmt?

Fehlen die Unterstützung durch andere und das Zutrauen in die eigene Kraft aufgrund entsprechender Vorerfahrungen, entscheidet sich eine Frau unter Umständen für eine Abtreibung, um nicht nur sich selbst, sondern auch ihr ungeborenes Kind zu schützen. Christina (s. S. 22 ff.) berichtet:

»Meine Entscheidung für die Abtreibung war auch eine Entscheidung aus Liebe. Ich habe mir nicht zugetraut, als Alleinerziehende gut genug für das Kind sorgen zu können, zumal ich damals mit Depressionen zu kämpfen hatte, und dachte, da ist es bei Gott besser aufgehoben als bei mir.«

Geschichten wie diese enthalten für mich eine Anfrage an die Gesellschaft: Wie können Ansprüche an Mütterlichkeit auf realistische und bewältigbare Vorstellungen reduziert werden?

Was bräuchte es an Angeboten, um Frauen wie Christina Mut zu machen, ihr Kind trotz schwerer Bedingungen zu behalten? Denn besonders wenn das Ungeborene von der Schwangeren bereits als Kind wahrgenommen wird, hat der Abbruch eine Dimension der Tragik, an der manche Frauen schier zerbrechen. Sie fühlen sich als Versagerinnen und verurteilen sich hart, weil sie ihr Kind und auch das Mutterwerden als vermeintlich unverzichtbaren Teil gelungenen Frauseins zurückgewiesen haben. Besonders schwierig ist die Bearbeitung eines Abbruchs, wenn die Betroffene sich ein Kind gewünscht hat und nach der abgebrochenen Schwangerschaft nicht mehr schwanger wird, sodass ihr Kinderwunsch unerfüllt bleibt.

Erschwert wird der Schmerz dadurch, dass ungeborene Kinder nach einer Abtreibung noch viel weniger ihren Platz in der Gesellschaft haben als andere Sternenkinder, die zum Beispiel durch Tot- oder Fehlgeburt nicht auf die Welt kommen. Schwierig ist für Frauen, die nach einem Abbruch trauern, zudem die Frage: »Haben Sie Kinder?« Auch davon erzählt Christina:

»Es war für mich lange Zeit ein Dilemma, mit der Frage konfrontiert zu sein: ›Haben Sie Kinder?‹. Denn für mich war das Ungeborene von Anfang an mein Kind. Zu antworten, ›Ich habe keine Kinder‹, hätte für mich bedeutet, es zu verleugnen und noch mehr zu verraten, als ich es mit der Abtreibung schon getan hatte. Aber wie sollte ich Nichtbetroffenen begreiflich machen, dass ich eine Mutter bin, obwohl ich mein Kind nicht gebar? Scham und das Gefühl, als Mutter versagt zu haben, belasten mich heute noch, wenn Frauen in meinem Umfeld von ihren Kindern erzählen. Und bei denjenigen, denen ich meinen Abbruch anvertraute, verletzt es mich, wenn mein Kind überhaupt nicht mehr zur Sprache kommt und so getan wird, als hätte es das Ungeborene nie gegeben. Ich habe mir angewöhnt, auf die Frage, ob ich Kinder habe, ungefähr so zu antworten: ›Auf der Erde habe ich keine

Kinder.‹ Manchmal traue ich mich auch zu sagen: ›Ich habe ein Kind im Himmel. Es konnte leider nicht auf die Erde kommen. Ich konnte es nicht halten und habe es ganz früh verloren.‹ Genauso hat es sich angefühlt: dass mein Kind nicht hat kommen können, weil die Umstände für uns beide so schwer waren. Damit will ich nicht meine Verantwortung abgeben. Im Gegenteil. Und doch hatte ich nach der Abtreibung auch das Gefühl, dass bei meiner Entscheidung vieles mitgewirkt hatte. Das Kind bleibt ein Teil von mir. Und ich weiß für mich: Ich bleibe seine Mutter.«

Die Rolle eigener Muttererfahrungen

Bei der Entscheidung für einen Schwangerschaftsabbruch und seinen Auswirkungen auf die Kindsmutter spielen auch eigene Muttererfahrungen eine Rolle. War das Verhältnis zur eigenen Mutter belastet oder gar traumatisch, führt das mitunter dazu, dass eine Frau selbst davor zurückschreckt, Mutter zu werden. Irene erzählt:

»Meine Mutter war wegen ihrer starken psychischen Erkrankung in meiner Kindheit oft nicht ansprechbar. Monatelang war sie in verschiedenen Kliniken, und ich musste allein zurechtkommen und mich auch noch um drei kleine Geschwister kümmern. Als ich ungewollt schwanger wurde, war mir schnell klar, dass ich das Kind nicht auf die Welt bringen konnte. Denn ich war gezeichnet von einer eben überwundenen Drogensucht und wollte meinem Kind ersparen, ähnliche Erfahrungen zu machen wie ich mit einer Mutter, die so sehr mit sich selbst zu kämpfen hat, dass sie nie richtig präsent sein kann. Nach dem Abbruch habe ich mich oft gefragt, ob ich es nicht doch besser als meine Mutter hinbekommen hätte. Ich habe unterschätzt, was das mit mir macht. Obwohl ich mir sagte, dass die Entscheidung in meiner Situation richtig war, hat es verdammt wehgetan.«

Verschiedene Beziehungen stehen bei einem Schwangerschaftsabbruch in einer Wechselwirkung und sind kaum isoliert zu betrachten. Die Beziehung zum eigenen Kind hat oft etwas mit der Beziehung zur eigenen Mutter zu tun. Das gilt nicht nur für fehlende oder traumatische Muttererfahrungen. Auch die Präsenz einer (über-)fürsorglichen Mutter kann eine Entscheidung gegen eigene Mutterschaft mitbewirken. Angelika berichtet:

»Mutterschaft wurde in meiner Herkunftsfamilie großgeschrieben. Und auch ich habe mich bei meinen geborenen Kindern immer bemüht, die perfekte Mutter zu sein. Gleichzeitig wollte ich mir schon immer durch eine solide Berufsausbildung meine finanzielle Unabhängigkeit sichern. Denn ich konnte als Kind schwer ertragen, wie abhängig meine Mutter von meinem Vater war, der allein das Geld nach Hause brachte und sie das auch spüren ließ. Als ich ungeplant nach der Trennung von meinem Partner schwanger war, hätte meine Mutter mir geholfen, ein weiteres Kind aufzuziehen, aber ich hätte dafür aus organisatorischen Gründen zu ihr in die Nähe ziehen und einen Teil meiner Unabhängigkeit aufgeben müssen. Das war für mich schwer vorstellbar. Also war es in gewisser Hinsicht die richtige Entscheidung für mich. Ich habe mir damit meine Unabhängigkeit bewahrt. Trotzdem fühlte ich mich nach dem Abbruch schlecht. Ich vermisse das Ungeborene bis heute und frage mich oft, ob es nicht doch gegangen wäre. Dass ich es nicht behalten hatte, empfand ich als (Vertrauens-)Bruch.«

Die Fallbeispiele zeigen:

1. Ein Schwangerschaftsabbruch wird in der Regel nicht leichtfertig getroffen, sondern in einer von der Schwangeren als äußerst schwierig erlebten Situation, die oft einem Dilemma gleicht.
2. Jede Geschichte eines Schwangerschaftsabbruchs ist einzigartig und nur bedingt vergleichbar mit anderen.

3. Die Erfahrung einer Abtreibung hat Folgen. Sie kann nicht einfach abgehakt werden, sondern es muss ein Umgang damit gefunden werden.
4. Die Entscheidung zum Abbruch wird von der Schwangeren nicht unabhängig von anderen Menschen im Beziehungssystem getroffen.

Naturgemäß betrifft eine Abtreibung in erster Linie die Kindsmutter. Deshalb ist das Postulat der Selbstbestimmung grundsätzlich richtig. Gleichzeitig geht dieses in gewisser Weise an der Realität vorbei, da das Beziehungsgefüge, in dem eine Schwangere steht, nahezu unweigerlich direkt oder indirekt Einfluss auf die Entscheidungsfindung nimmt. Alle diese Rückschlüsse verbieten in meinen Augen sowohl eine moralische Verurteilung der Kindsmutter als auch eine Verharmlosung dieser Erfahrung. Was in der öffentlichen Debatte unter anderem übersehen wird, ist die Auswirkung eines Schwangerschaftsabbruchs auf die Väter.

Die Rolle der Väter

Die Rolle der Väter in einem Schwangerschaftsabbruch ist komplex. Die Haltung des Kindsvaters wirkt sich auf die Entscheidung der Frau viel stärker aus, als oft angenommen wird. Ob der Kindsvater sich unterstützend oder ablehnend der Schwangerschaft gegenüber verhält oder die Frau sogar verlässt, beeinflusst den Entscheidungsprozess der Schwangeren mehr oder weniger stark. Das ist verständlich: Denn ob eine Frau einem Leben als Alleinerziehende entgegensieht oder getragen ist von einer Partnerschaft, macht einen großen Unterschied. Wie sehr dieser sich auf die Entscheidung auswirkt, korrespondiert mit den Vorerfahrungen und der individuellen Persönlichkeit der Frau. In der Regel ist es eine tiefe Kränkungserfahrung für die Schwangere, wenn sich der Kindsvater gegen die Schwangerschaft positioniert. Nicht jede Frau ist in dieser Kränkungssituation dazu in der Lage, sich dem Einfluss des Kindsvaters emotional zu entziehen.

Nicht selten spielen hierbei auch Erfahrungen mit dem eigenen Vater eine Rolle. Verweigert der Partner der schwangeren Frau die Unterstützung und triggert dies zudem die Vorerfahrung, als Kind vom eigenen Vater zu wenig unterstützt worden zu sein, kann das einer Betroffenen den Boden unter den Füßen wegziehen. Dies zeigt einmal mehr, dass im Beziehungsgeflecht eines Menschen nichts isoliert verstanden werden kann, sondern sich verschiedene Beziehungen stets aufeinander auswirken. Marie berichtet:

»Als mein Partner mich unter Druck setzte, das Kind nicht zu bekommen, bin ich in ein Loch gefallen. Die Beraterin riet mir, meine Entscheidung unabhängig vom Mann zu treffen. Aber wie konnte ich das? Ich hätte einen Mann gebraucht, der hinter mir steht. Umso mehr, als ich selbst ohne Vater aufgewachsen war. Ein Leben als Alleinerziehende, wie meine Mutter es geführt hatte, traute ich mir nicht zu. Ich habe es sehr bereut, es nicht trotzdem probiert zu haben, aber in meiner damaligen verzweifelten Grundverfassung sah ich keinen Weg für mein Kind und mich.«

Allerdings trauern auch zahlreiche Männer nach einem Schwangerschaftsabbruch der Partnerin und erleben diesen ebenfalls als Kränkung und Verlusterfahrung. So fatal es sein kann, dass Männer Frauen in ihrer Entscheidungsfindung mitbeeinflussen, so schwer auszuhalten ist es für manche Männer, vom Entscheidungsprozess ausgeschlossen zu sein. Das ist besonders der Fall, wenn der Kindsvater sich über die Schwangerschaft gefreut oder sich das Kind gewünscht hat und seine Partnerin die Schwangerschaft abbrechen möchte. Die Entscheidung der Frau zu einem Abbruch wird von dem Kindsvater als Vertrauensverlust oder gar Misstrauensvotum erlebt, sofern die Partnerin zum Ausdruck bringt, dass sie sich mit ihm keine Zukunft vorstellen kann. Männer in dieser Situation leiden zudem an dem Gefühl, dass ihnen die Erfahrung irdischer Vaterschaft verwehrt wird. »Ihre Trauer dreht sich [dabei] um Hilflosigkeit und Ohnmacht, über das Versagen von Vatersein, vielleicht um Wut und das Gefühl, in so wichtigen Entscheidungen keine Einspruchsmöglichkeiten zu haben« (Knoop, 2014, S. 73).

Das Gefühl der Ohnmacht kann Männern ebenso zu schaffen machen wie die doppelt erschwerte Trauer. Ohnehin tun sich Männer mit dem Zulassen und Ausdrücken von Gefühlen aufgrund ihrer Sozialisation häufig schwer (vgl. Mucksch u. Roser, 2023). Im Vorfeld und Nachgang eines Schwangerschaftsabbruchs haben sie schnell das Gefühl, außen vor und zu keiner Trauer berechtigt zu sein. Denn das geltende Abtreibungsrecht vermittelt, dass ein Schwangerschaftsabbruch allein Sache der Frau ist. Dennoch ist es eine Tatsache, der in der Trauerbegleitung Rechnung getragen werden muss: Auch Männer weinen, zumeist im Verborgenen, um ihre ungeborenen Kinder und finden keine Unterstützung in ihrer Trauer, die sie aus den genannten Gründen noch häufiger verschweigen als Frauen. Und auch bei der Trauer der Väter spielt es eine Rolle, wie der Mann grundsätzlich zum Thema »Abtreibung« steht, ob er einen Kinderwunsch hat, wie seine Vorerfahrungen und persönlichen Wesenszüge sind usw.

Interessant ist es, der Frage nachzugehen, inwieweit eigene Vatererfahrungen sich im Umgang mit Schwangerschaft und Abbruch auswirken. Hat ein Mann eine schwierige Beziehung zum eigenen Vater, kann ihn das in seiner Haltung zum Thema »Vaterschaft« beeinflussen. Jede Vorerfahrung birgt jedoch verschiedene Möglichkeiten, fort- oder umgeschrieben zu werden: War der Kontakt zum eigenen Vater belastet, kann das dazu führen, davor zurückzuschrecken, selbst Vater zu werden, oder auch motivieren, es beim eigenen Kind anders zu machen. Wie auch immer Männer ihre Erfahrung mit Vaterschaft und Schwangerschaftsabbruch deuten und bearbeiten: Unbestreitbar hinterlässt eine Abtreibung auch an ihnen Spuren und wirkt sich auf ihr weiteres Leben aus.

Auswirkungen auf die Paarbeziehung

Ein Schwangerschaftsabbruch ist für viele Paarbeziehungen eine enorme Herausforderung. Sind sich die Partner hinsichtlich einer Entscheidung für oder gegen eine Abtreibung nicht einig, führt das häufig zur Trennung. Gegenseitiges Unverständnis und (Schuld-)Vorwürfe sowie Enttäuschung und Vertrauensverlust können zu belastend werden. Das gilt sowohl für den Fall, dass sich die Frau unter dem Druck des Mannes auf eine Abtreibung eingelassen hat, als auch, wenn der Mann sich das Kind gewünscht hat, aber die Entscheidung seiner Frau überlässt oder sogar vor vollendete Tatsachen gestellt wird und zeitverzögert von der Entscheidung erfährt. Kommt es im Zusammenhang mit dem Schwangerschaftsabbruch zu einer Trennung des Paares, verursacht das einen doppelten Schmerz durch eine doppelte Verlusterfahrung. Christina (s. S. 22 ff.) erzählt:

»Es war für mich schnell klar, dass ich mit diesem Mann nicht mehr zusammen sein wollte, nachdem er mich derart unter Druck gesetzt hatte, dass ich die Schwangerschaft abbrach. Er bot mir zwar an, im Fall einer Abtreibung immer für mich da zu sein, aber das war für mich keine Option. Ich habe den Kontakt zu ihm abgebrochen. Danach fiel ich in ein doppeltes Loch: Mein Kind war weg, und sein Vater, mit dem ich mir eine gemeinsame Zukunft erhofft hatte, auch. Ich habe sehr damit gehadert, die Beziehung nicht vor der Schwangerschaft geklärt zu haben. Als wir bei der Beratungsstelle waren, hatte er ausgepackt, dass ich für ihn nur ein Abenteuer gewesen war. Und als ich zusammengebrochen bin, nachdem das Kind weg war, höhnte er, ich solle mich nicht so anstellen. Ich sei nicht die erste Frau, die er zu einer Abtreibung begleitet hätte. Das war für mich der Tropfen, der das Fass zum Überlaufen brachte. Ich habe den Kontakt beendet. Leider zu spät.«

Auch wenn sich beide Partner im Entscheidungsprozess einig waren, kann sich im Nachgang einer Abtreibung ihre Beziehung verändern, beispielsweise wenn die Frau merkt, dass ihr der Abbruch doch zu schaffen macht und der Mann dafür wenig oder keinerlei Verständnis entwickelt.

Der Familientherapeut Bert Hellinger geht in der ihm eigenen rigorosen Art davon aus, dass ein Schwangerschaftsabbruch naturgemäß zum Zerbrechen der Paarbeziehung führt, sofern die Partner nicht gemeinsam Verantwortung für das Geschehene übernehmen und das Ungeborene würdigen (vgl. Schäfer, 2003, S. 159 ff.). Ich finde das persönlich einleuchtend, möchte mich aber mit dogmatischen und verallgemeinernden Aussagen zurückhalten. Denn auch jede Paarbeziehung ist einzigartig und mit anderen nur bedingt vergleichbar. Entscheidend ist meines Erachtens an dieser Stelle wieder, aus welcher Grundeinstellung heraus die Beteiligten ihre Erfahrung deuten. Spurlos geht eine Abtreibung vermutlich selten an einer Partnerschaft vorbei. Denn die Sexualität zwischen Mann und Frau ist unter anderem auf die Weitergabe von Leben angelegt. Bereits bei der Empfängnis tritt der Keim eines neuen Lebens und also etwas Drittes in die Zweierbeziehung. Wird die Schwangerschaft abgebrochen und dieses Dritte nicht integriert, kann das durchaus zu einem Beziehungsbruch führen.

Daneben gibt es Paare, die in innerer Übereinstimmung das Erlebte gut tragen und bearbeiten können oder sogar gemeinsam trauern und so eine Vertiefung ihrer Beziehung erleben. In gewisser Weise entspricht das dann wiederum Hellingers Aufforderung, dem Ungeborenen seinen Platz zu geben und es zu würdigen. Daniela berichtet:

»Ich war dankbar, dass mein Partner mir die Entscheidung überließ. Gleichzeitig machte mir zu schaffen, dass ich auch sein Kind nicht geboren habe, denn er war damals im Gegensatz zu mir kinderlos und würde es wahrscheinlich bleiben: Ich ließ mich direkt nach dem Abbruch sterilisieren, um nie wieder in eine so belastende Situation zu geraten. Letztlich hat die Abtreibung uns einander aber noch nähergebracht. Wir haben gemeinsam um das Kind geweint. In jeder Kirche zündeten wir ihm eine Kerze an und nahmen es in unsere Mitte. Es gehörte einfach zu uns, und das ist bis heute so geblieben.«

Die Rolle der Großeltern

Auch Großeltern des Ungeborenen nehmen bewusst oder unbewusst Einfluss auf die Entscheidung im Schwangerschaftskonflikt. Das ist besonders, aber nicht nur der Fall, wenn sehr junge Frauen ungewollt schwanger werden oder familiäre Verstrickungen vorliegen wie beispielsweise eigene ungewollte Schwangerschaften in der Vergangenheit, ein angespanntes oder auch symbiotisches Verhältnis zu den schon erwachsenen Kindern oder anderes. Dass diese Einflussnahme fatal sein kann, zeigt das Fallbeispiel von Sonja, in dem die Mutter darauf hinwirkt, dass ihr Enkelkind nicht geboren wird (s. S. 24 ff.). Es kann nicht oft genug betont werden, dass die Beeinflussung der schwangeren Frau durch andere Menschen zu Recht gesetzlich untersagt ist und dennoch viel zu oft geschieht. So riet auch Renate, eine in allen Lebensbereichen erfolgreiche Lehrerin, ihrer Tochter abzutreiben. Dass die damals erst 16-jährige Jessica nach dem Abbruch Probleme hatte und sich merklich veränderte, konnte sie schwer nachvollziehen. Erst Jahre später war es ihr möglich, sich mit dem Geschehen noch einmal anders auseinanderzusetzen. Sie berichtet rückblickend:

»Ich wollte doch nur, dass meine Tochter sich nicht ihr Leben verbaut. Mutterwerden mit 16, das ging gar nicht, sie hatte doch ihre ganze Zukunft vor sich! Jessica war in vielem so begabt. Sie war eben auf der Sportschule angenommen worden und in der Leichtathletik ein großes Talent. Mein Mann und ich hatten viel in die Zukunft unserer Tochter investiert, beide stammten wir aus eher ärmlichen Verhältnissen und waren zum Zeitpunkt der Schwangerschaft von Jessica getrennt. Ich selbst hatte von meiner Mutter, die wegen meiner Geburt ihre Ausbildung nicht abgeschlossen hatte, immer das Gefühl vermittelt bekommen, dass ihr Leben ohne mich besser verlaufen wäre. Da war diese ungewollte Schwangerschaft für mich ein Fiasko, das schnell behoben werden musste. Ich konnte nicht begreifen, dass Jessica danach so verstört war. Sie hatte einen Leistungsknick in der Schule und im Sport, zog sich immer mehr zurück und nahm 20 Kilo zu. Schließlich brach sie sogar die Schule ab und schlug sich mit Gelegenheitsjobs durch. Das machte mich wütend und hilflos. Schließlich hatte ich es immer nur gut mit meiner Tochter gemeint! Erst als mein Mann, mit dem ich nach der Trennung einen neuen Versuch gewagt hatte, unerwartet an einem Herzinfarkt verstorben war, konnte ich mich dem Thema noch mal anders annähern. Ich habe mich dann bei Jessica entschuldigt. Aber wirklich gut ist unser Kontakt nicht mehr geworden.«

Dass ein Abbruch zu weiteren Brüchen führt, und zwar nicht nur innerhalb der Paarbeziehung, sondern auch mit den eigenen Eltern, begegnet mir in der Begleitung Trauernder nach einer Abtreibung immer wieder. In der öffentlichen Debatte wird dies ebenso wenig mitbedacht wie die in aller Regel ausgeblendete

Tatsache, dass die Trauer um ein ungeborenes Kind im Beziehungsnetz der Betroffenen weite(re) Kreise zieht.

Dass auch Großeltern trauern, davon erzählt Margarete, die Mutter von Christina:

»Ich hatte mir immer Enkelkinder gewünscht und hätte alles dafür getan, dass meine Tochter ihr Kind behält. Leider konnte ich sie nicht mehr erreichen. Sie hat sich nach dem Beratungsgespräch von mir abgewandt und eingeigelt. Und ich dachte schließlich, ich dürfe ihr nicht in ihre Entscheidung reinreden. Meine Freundin Ruth, die selbst eine Schwangerschaft abgebrochen und das nie bereut hatte, redete mir ins Gewissen, meine Tochter ihren eigenen Weg gehen zu lassen. Danach zu erleben, dass es Christina mit der Abtreibung nicht gut ging, war schlimm für mich. Hätte ich nicht doch noch mehr Hilfe anbieten sollen? Es hat unsere Beziehung verändert. Einerseits hat es uns voneinander entfernt, da ich meine Tochter im Entscheidungsprozess nicht verstehen konnte, andererseits hat es unsere Nähe vertieft, nach einiger Zeit gemeinsam um das Kind zu weinen.

Besonders schwer war das Ganze, weil meine Schwiegertochter fast zeitgleich eine Fehlgeburt erlitt. Es war mir, als liege ein Fluch auf unserer Familie. Und im Haus meines Bruders einen Kindersegen von fünf Enkeln zu beobachten, hat mir wehgetan. Ich war fast 70 Jahre alt und hatte noch immer keine Enkel. Es wurde alles leichter, als mein Sohn nach einigen Jahren doch Vater wurde. Bis heute habe ich das Gefühl, in seinem Kind auch meine nicht geborenen Enkelkinder zu umarmen. Und dass Christina die Patenschaft ihrer Nichte übernahm, hatte etwas zutiefst Friedenstiftendes.«

Die Erfahrung von Margarete zeigt, wie vielfältig die Auswirkungen eines Schwangerschaftsabbruchs in einem Familiensystem sind: Die Entscheidung der Frau, die direkt oder indirekt mitbeeinflusst ist durch andere Familienangehörige, wirkt sich nicht nur auf ihre Partnerschaft aus, sondern berührt zudem das Verhältnis zu ihren Eltern und Geschwistern. Auch Geschwister des Ungeborenen erleben Auswirkungen der Entscheidung für eine Abtreibung.

Auswirkungen auf Geschwister des Ungeborenen

Geschwisterkinder von Ungeborenen spüren oft intuitiv, dass jemand fehlt, oder sie leiden darunter, dass es ihrer Mutter nach dem Abbruch nicht gut geht. In der Regel ist es für sie befreiend, wenn sie erfahren, was geschehen ist. Es hilft ihnen, einzuordnen, weshalb die Mutter sich verändert hat, und es nimmt ihnen die Schuldgefühle, die Kinder oft entwickeln, wenn es ihrer Mutter schlecht geht.

Ihren geborenen Kindern von dem ungeborenen Geschwisterchen zu erzählen, fällt vielen Frauen allerdings schwer, da der Abbruch schambesetzt ist und auch die eigene gelungene Mutterschaft infrage stellt. Ich erlebte in der Begleitung von Menschen nach einem Abbruch jedoch nie, dass Kinder ihre Mutter für das Geschehene verurteilten. Zwar ist gut abzuwägen, wann der Zeitpunkt und die Entwicklung des geborenen Kindes einem Outing angemessen sind. Grundsätzlich möchte ich jedoch dazu ermutigen, mit den geborenen Kindern offen über ihr Geschwisterchen zu sprechen und ihm so seinen Platz in der Familie zu geben.

Kinder sind den Erwachsenen im Umgang mit Tod und Trauer oft um einiges voraus. Man sollte sie nie unterschätzen, indem man ihnen, um sie vermeintlich zu schützen, die Wahrheit verschweigt. Das Verschweigen von Familiengeheimnissen ist zumeist schädlicher als der offene und liebevolle Umgang mit dem Geschehenen. Michael (heute 20 Jahre alt) erzählt davon:

»Als ich zehn Jahre alt war, war meine sonst meistens fröhliche Mutter plötzlich nicht wiederzuerkennen. Sie zog sich stundenlang in ihr Zimmer zurück, um zu weinen, ging kaum noch mit uns raus und war manchmal nicht ansprechbar, wenn ich von der Schule nach Hause kam. Ich versuchte, mich in der Zeit als kleines Familienoberhaupt um meine kleine Schwester Antonia zu kümmern; unser Vater hatte uns ja früh verlassen; und daneben bemühte ich mich, meine Mutter zu trösten und auf sie aufzupassen. Eigentlich hat mich das überfordert. Und ich fragte mich oft, ob ich schuld daran war, dass es meiner Mami so schlecht ging. Irgendwann vertraute sie mir leise an, dass wir noch ein Geschwisterchen hätten, das sie nicht auf die Welt bringen konnte. Das machte mich traurig und hat mich gleichzeitig befreit. Ich habe zu meiner Mami gesagt, dann wären wir jetzt eben drei Kinder, Antonia, ich und das unsichtbare dritte. Hauptsache, wir hielten zusammen. In Gedanken habe ich mir immer vorgestellt, dass mein kleiner Bruder (irgendwie wusste ich, dass es ein Brüderchen war) bei meiner verstorbenen Oma Linde im Himmel spielte. Das habe ich meiner Mami auch erzählt, und da musste sie lächeln. Wir zündeten jedes Jahr an Weihnachten eine Kerze für das Brüderchen an, erzählten von ihm und gaben ihm auch einen Namen: Sternchen. Nichts war schlimmer als die Zeit der Ungewissheit. Sobald Sternchen ein Teil unserer Familie war, ging es allen besser.«

Nach dieser anrührenden Geschichte möchte ich einen Blick auf nachgeborene Geschwister werfen: Viele Frauen, die nach einem Schwangerschaftsabbruch trauern, sehnen sich danach, wieder schwanger zu werden. Der Verlust des Ungeborenen hat eine Leere in ihnen hinterlassen, die sie durch ein weiteres Kind füllen wollen. Dabei spielt auch das Bedürfnis eine Rolle, das verlorene Kind zurückzuholen und wiedergutzumachen, dass ihm das Leben noch vor der Geburt genommen wurde. In der Sprache der Schuldgefühle ist das eine Realität.

Auch die ungelebte Mutterschaft sucht sich in einer erneuten Schwangerschaft eine Kompensation. Kommt es zu keiner weiteren Schwangerschaft, empfinden Betroffene dies nicht selten als Strafe.

Allerdings kann auch die Geburt eines weiteren Kindes zu Verstrickungen im Familiensystem führen: Die nachgeborenen Geschwister haben zuweilen an der Hypothek schwer zu tragen, dass sie als Ersatz- oder Trostkinder geboren wurden. Der Umgang mit nachgeborenen Kindern oder auch Neffen und Nichten, sofern die Mutter des Ungeborenen keine eigenen Kinder mehr gebären kann, birgt Herausforderungen. Kein Kind kann ein anderes Kind ersetzen, und jedes Kind möchte um seiner selbst willen geliebt werden. Ein neues Kind mag den zuvor ungelebten Kinderwunsch befriedigen, sollte aber nie zur eigenen Heilung instrumentalisiert werden. Jedes Kind, ob geboren oder ungeboren, ist einzigartig und unersetzlich. Es sollte deshalb auch als einzigartiges Wesen gewürdigt werden.

Ein weiteres Kind kann zur Heilung beitragen, wenn das ihm vorangegangene Ungeborene seinen Platz hat und die Erfahrung des Schwangerschaftsabbruchs gut integriert wurde, nicht umgekehrt. Gleichzeitig ist es ein Geschenk, wenn eine Trauernde bei der Geburt eines anderen Kindes nicht nur eine schmerzhafte Triggererfahrung, sondern zugleich heilsame Freude und Liebe zu einem Geborenen erleben kann. Christina (s. S. 22 ff.) erzählt:

»Lange Zeit wich ich der Begegnung mit kleinen Kindern aus. Es tat mir einfach zu weh, denn es erinnerte mich an mein Ungeborenes. Leider war ich bei dem Abbruch in einem Alter, in dem eine weitere Schwangerschaft unwahrscheinlich war.

Als ich von der Schwangerschaft meiner Schwägerin erfuhr, hatte ich Angst, wie ich mit dem neuen Kind in der Familie würde umgehen können. Erstaunlicherweise war ich nach der Geburt meiner Nichte Nelly nur noch voll Liebe. Ich habe gespürt, dass mein Ungeborenes sich nichts mehr wünscht, als dass ich meine überschüssige Mutterliebe lebenden Kindern schenke. Und dass es überhaupt nur geht, gut weiterzuleben, wenn die Liebe größer ist als der Schmerz. Die tragische Liebe zu meinem Kind enthält den Keim einer Liebe zu allen Kindern. Nellys Patentante werden zu dürfen, hat mich glücklich gemacht. Die Kleine sieht mir ähnlich, und ich sehe in ihr ein Geschenk des Himmels. Manchmal muss ich mir bewusst machen, dass Nelly nicht mein Kind ist; ich möchte sie nicht als Ersatzkind instrumentalisieren. Aber ihre unbändige Energie lässt mich oft schmunzeln – ein bisschen ist es doch so, als würde die Kraft zweier Herzen in Nelly wohnen.«

Auswirkungen auf eine spätere Partnerschaft

Häufig endet eine Partnerschaft nach einem Schwangerschaftsabbruch. Zuweilen dauert es lange, bis eine Frau eine neue Beziehung eingeht, da ihre durch den Abbruch entstandenen Wunden zu tief sind. Lernt sie schließlich wieder einen Partner kennen, kann die Erfahrung der Abtreibung die neue Beziehung belasten. Sofern ihr Abbruch noch nicht bearbeitet und in das Leben integriert ist, wird der unerfüllte Kinderwunsch von der Frau mitunter auf den neuen Mann übertragen. Christina erzählt:

»Nach dem Abbruch dachte ich zunächst, ich könnte nie wieder eine Beziehung zu einem Mann eingehen oder Sexualität leben. Ich fühlte mich zu sehr verwundet. Nach einiger Zeit merkte ich, dass ich mich doch wieder nach einem Partner sehnte. In den Männern, die ich daraufhin traf, suchte ich, wie mir schließlich bewusst wurde, allerdings in erster Linie mögliche Väter eines weiteren Kindes. Erwähnte ein Mann, dass er auf keinen Fall Vater werden wollte, war das für mich ein Kriterium, den Kontakt abzubrechen. In meiner Verzweiflung ließ ich sogar kurzfristig eine alte, gescheiterte Beziehung wieder aufleben. Mein damaliger Partner hätte sich vorstellen können, mit mir eine Familie zu gründen.

Das hat so nicht funktioniert und ich habe das wieder beendet. Es blieb aber auch danach eine mich beherrschende fixe Idee, schnell doch noch ein Kind zur Welt bringen zu müssen, und es dauerte, bis ich akzeptieren konnte, dass das so einfach nicht war und wohl auch nicht meinen Schmerz geheilt hätte. Da ich schon über 40 Jahre alt war, hätte eine neue Schwangerschaft eine Risikoschwangerschaft bedeutet. Noch einen Schwangerschaftskonflikt hätte ich nicht verkraftet. Und so bin ich rückblickend dankbar, dass ich mich nach langen inneren Kämpfen doch für einen Mann entschieden habe, mit dem die Erfüllung meines Kinderwunsches kein Thema mehr war, da er seine Familienphase bereits abgeschlossen hatte.«

Wenn der neue Partner keine Kinder (mehr) möchte oder sogar nicht mehr zeugungsfähig ist, wird das zum Prüfstein für eine Frau, die nach einer Abtreibung trauert. Ist der Abbruch selbst an eine gescheiterte Beziehung geknüpft, entscheiden sich Frauen manchmal, keine feste Partnerschaft mehr einzugehen und stattdessen in flüchtigen und folgenreichen Affären schwanger zu werden. Die Konsequenz, als Alleinerziehende dazustehen, erscheint manchen Frauen besser tragbar, als den unerfüllten Kinderwunsch auszuhalten. Was es unter Umständen für nach einer unbearbeiteten Abtreibung geborene Kinder bedeutet, ohne Vater aufzuwachsen und an die Stelle des Ungeborenen zu treten, wird oft von ihnen unterschätzt.

Geht eine Frau nach einem Schwangerschaftsabbruch wieder eine Partnerschaft ein, stellt sich ihr auch unabhängig von dem sie eventuell noch quälenden unerfüllten Kinderwunsch die Frage, wie viel Selbstoffenbarung sie sich und dem neuen Mann zumuten möchte, um eine tragfähige Beziehung aufzubauen. Auch hier gibt es sehr unterschiedliche Einstellungen und Erfahrungen. Je mehr ein Mensch von sich zeigt, desto verletzlicher macht er sich. Deshalb ist es wichtig, gut zu prüfen, wann der richtige Zeitpunkt ist, einem neuen Partner von der sensiblen Erfahrung einer Abtreibung zu erzählen. Vor dem persönlichen Outing sollte eine grundlegende Vertrauensbasis gewachsen sein. Sich vor Verurteilungen und Unverständnis anderer zu schützen, ist legitim. Gleichzeitig kann es wichtig sein, dem neuen Partner doch von dem Abbruch zu erzählen. Denn diese Erfahrung hat eine Betroffene geprägt und zu der Frau gemacht, die sie heute ist.

Auch hier ist die eigene Bewertung entscheidend. Welche Bedeutung eine Betroffene ihrer Erfahrung gibt, bestimmt mit, wie viel sie davon in einem neuen Kontakt preisgeben möchte. Dabei gilt es, gesunde Grenzen zwischen Altem und Neuem auszuloten. Rückt die noch nicht geheilte Trauer nach einem Schwangerschaftsabbruch zu sehr ins Zentrum der neuen Partnerschaft, kann das sehr belastend für das Paar werden, besonders wenn der neue Partner keinen Kinderwunsch (mehr) hat. Die Vergangenheit, so schmerzlich sie sein mag, darf der Zukunft nie im Weg stehen. Es ist deshalb wichtig, in der Trauer nach einem Schwangerschaftsabbruch alles in der Seele noch Friedlose unabhängig von dem neuen Partner anzuschauen. Zugleich kann es heilsam sein, das ungeborene Kind ein Stück weit in die neue Beziehung zu integrieren. Christina berichtet:

»Als ich schließlich doch wieder eine Partnerschaft einging, war es anfangs belastend für mich, dass mein neuer Freund Ralph sich mit meinem Abbruch schwertat. Es war mir wichtig gewesen, ihm bald davon zu erzählen: Denn wie könnte intime Nähe zwischen uns wachsen, wenn er etwas so Wichtiges von mir nicht wüsste? Das Verschweigen meines ungeborenen Kindes hätte ich als Verrat empfunden. Ralph hatte als frisch geschiedener Vater von drei Töchtern seine Familienphase bereits hinter sich. Er wollte auf keinen Fall noch einmal Vater werden. Das war anfangs bitter für mich. Und Ralph seinerseits fiel es schwer, sich in mich hineinzuversetzen, wenn ich wieder einmal traurig oder am Hadern war. Denn er hatte vorher keinerlei Berührungspunkte mit dem Thema ›Abtreibung‹ und ist ein sehr geradliniger Mensch. Dass ich mein Kind nicht geboren hatte und trotzdem um es weinte, konnte er nicht begreifen.

Ich habe dann versucht, das Ganze wieder mehr mit mir selbst auszumachen. Als wir eines Tages in einer Kirche Kerzen für seine verstorbenen Eltern anzündeten, stellte Ralph für mich gänzlich unerwartet ein zusätzliches Kerzlein auf und murmelte leise, das sei für mein ungeborenes Kind im Himmel. Dieser Moment hat mich sehr glücklich gemacht. Ich denke, es ist ein Segen, wenn ein Ungeborenes seinen Platz bekommt und anerkannt wird. Auch in einer neuen Partnerschaft.«

Wechselwirkungen mit anderen Familienmitgliedern

Im Zusammenhang mit einem Schwangerschaftsabbruch gibt es auch Wechselwirkungen mit weiter entfernten Verwandten. Häufig kommen in einem Familiensystem mehrere Abbrüche vor. Es ist interessant, dabei nach Querverbindungen und Verstrickungen zu schauen. Beispielsweise kann das erneute Auftreten einer Abtreibung Ausdruck eines inneren Treuevertrags mit einem älteren Familienmitglied wie der eigenen Mutter, Großmutter, Paten- oder Lieblingstante sein, oder die Erfahrung eines Abbruchs wurde nicht integriert, sondern abgespalten und verdrängt. Die spätere Abtreibung bei einem jüngeren Familienmitglied wird vor diesem Hintergrund unter Umständen zur Triggererfahrung für andere.

Im besten Fall trägt die Wiederholung dieser Erfahrung zur stellvertretenden Heilung mehrerer Menschen bei. Interessanterweise können verschiedene Frauen innerhalb eines Familiensystems höchst unterschiedlich auf einen Schwangerschaftsabbruch reagieren. Während die eigene Mutter sich beispielsweise, geprägt von der Frauenbewegung der späten 1960er Jahre, nach ihrem Abbruch angeblich »nichts als erleichtert« fühlte, zerbricht die Tochter nach der gleichen Entscheidung fast an ihren Schuldgefühlen. Die unterschiedlichen Reaktionen hängen von den individuellen Vorerfahrungen, vom Wesen der Betroffenen sowie von ihren Einstellungen und Bewertungen des Geschehens ab. Nicht jede Frau erlebt einen Schwangerschaftsabbruch als Trauerfall.

Es ist spannend, dies auch systemisch zu betrachten und zu fragen: Bilden unterschiedliche Extrempositionen innerhalb einer Familie von einer höheren Warte aus gesehen eine Einheit in ihrer Gegenpolarität, ähnlich wie scheinbar charakterlich gegensätzliche Geschwisterpaare oft ein Ganzes bilden? Was geschieht, wenn eine Frau ein seit Generationen von der Familie internalisiertes Motto wie etwa »Darüber spricht man nicht« verletzt? Eine Familienaufstellung kann helfen, Verstrickungen und Zusammenhänge zu erkennen und zur Versöhnung nicht nur der Betroffenen mit sich selbst, sondern auch ins gesamte System ausstrahlend beitragen. Selbst ohne Aufstellung zeigt sich in vielen Berichten Betroffener, dass das persönliche Erleben eines Familienmitglieds sich auf andere auswirkt. Christina erzählt:

»Es war erstaunlich, wie viele Abbrüche plötzlich im Raum standen. Ich habe mich einer Tante anvertraut, von der ich wusste, dass sie auch abgetrieben hatte. Sie reagierte sehr emotional. Woher ich das wisse? Wirklich verstehen konnte sie meine Trauer nicht. Aber ich habe bei einem Besuch bei ihr später mitbekommen, dass sie mit ihrem Mann noch einmal über das Erlebte gesprochen hat. Nach vielen Jahren fragte sie ihn zum ersten Mal, wie es eigentlich für ihn gewesen war, dass sie sich damals so entschieden hatte. Das war ein bewegendes Gespräch am Kaffeetisch.

Ehrlich gesagt, wunderte ich mich in allem Elend, warum das Thema in unserer Familie seit Jahrzehnten totgeschwiegen wurde. Ich wusste von mehreren weiteren Abbrüchen. Meine an Krebs verstorbene Lieblingsgroßtante, bei der ich als Kind viel Zeit verbrachte, hatte mir kurz vor ihrem Tod erzählt, dass sie unter dem Druck ihres damaligen Partners in eine Abtreibung eingewilligt hatte. Seltsamerweise war diese Großtante für mich in allem ein großes Vorbild gewesen. In der Auseinandersetzung mit meiner Trauer nach dem tragischen Ende meiner einzigen Schwangerschaft erinnerte ich mich an unser Gespräch an ihrem Sterbebett und fühlte mich ihr noch mehr verbunden. Es hatte für mich etwas Tröstliches, nicht die Einzige in der Familie zu sein.

Für einige Familienmitglieder hingegen war es verstörend, über mich mit dem verdrängten Familienthema ›Abtreibung‹ konfrontiert zu werden. Da gab es auch heftige Auseinandersetzungen und Tränen.«

Gegenseitiges Unverständnis, Ohnmacht, Wut, Schuldzuweisungen und Abwehrreaktionen bis hin zu Kontaktabbrüchen können das Familiensystem nach dem wiederholten Auftreten von Schwangerschaftsabbrüchen belasten, insbesondere, wenn eine der Betroffenen offen über ihre Abtreibung und ihre Trauerreaktionen spricht, nachdem die vorangegangenen Abbrüche in der Familie entweder verschwiegen oder tabuisiert waren. Gehen eingeweihte Familienmitglieder unterschiedlich mit dem Thema um, vermag dies verdeckte oder offene Konflikte auszulösen. Dabei werden anderen ihre Gefühle unter Umständen abgesprochen (»Stell dich nicht so an, es war doch noch kein richtiges Kind! Außerdem bist du nicht die Einzige, und andere haben das auch gut weggesteckt«). Dies zieht unter Umständen Entfremdung oder sogar Zerrüttung nach sich. Es ist eine Herausforderung, andere so sein zu lassen, wie sie sind, auch in ihren Reaktionen auf ein Ereignis, das von einem selbst ganz anders erlebt wurde, und verlangt innere Freiheit, Geduld, Toleranz und Respekt.

Erschwert wird die gegenseitige Akzeptanz dadurch, dass in Trauersituationen oft frühere ungelöste oder verdrängte Konflikte wieder an die Oberfläche kommen, beispielsweise die sich wiederholende Erfahrung, dass man im Stich gelassen wurde, sich für andere »geopfert« hat oder Ähnliches. Erschütterungen im Familiensystem sind andererseits eine Chance, alte Minenfelder im Beziehungsgeflecht anzusehen und zu entschärfen. Dies kann allerdings zu einer Belastungsprobe innerhalb der Familie werden. Denn nicht selten stößt das Aufdecken von Familiengeheimnissen auf heftige Widerstände innerhalb des Systems.

Sofern andere Familienmitglieder nicht bereit sind, sich die dabei zu Tage tretenden ungelösten Konflikte anzuschauen, ist es nur möglich, in sich selbst die Aussöhnung zu suchen. Kommt auch nur ein einziges Familienmitglied dem Frieden näher, strahlt dies auf das ganze System aus. Grundsätzlich sollte es nach einer Abtreibung immer die Entscheidung der betroffenen Frau selbst sein, ob und wie viel und zu welchem Zeitpunkt sie anderen von ihrer Erfahrung erzählt. Das Bedürfnis nach Selbstschutz besonders in der sensiblen ersten Phase der Trauer sollte immer respektiert werden.

Betroffene erleben es jedoch zumeist als befreiend, sich anderen mit ihrem Kummer anvertraut zu haben. Der Druck der schambedingten Angst, jemand könnte davon erfahren, endet. Es entsteht im besten Fall ein Frei-Raum des Austauschs und der heilsamen Auseinandersetzung mit anderen. In diesem Frei-Raum können Beziehungen geklärt und vertieft und auch Erfahrungen anderer Familienmitglieder neu beleuchtet und aus der Verdrängung geholt werden.

Eine schambesetzte oder sogar als traumatisch erlebte Erfahrung wirkt ohnehin im Familiensystem weiter und zieht ihre Kreise, selbst wenn sie »unter den Teppich gekehrt wird«. Das Verschwiegene wirkt im Verborgenen und äußert sich oft in destruktiver Weise, indem es Suchtverhalten, Depressionen oder psychosomatische Erkrankungen auslöst. Unabhängig davon, wie offen mit einem Tabuthema innerhalb eines Familiensystems umgegangen wird, ist es unrealistisch, davon auszugehen, dass eine tiefe persönliche Erfahrung ohne Wirkung auf andere Menschen bleibt. Bewegt sich nur das kleinste Teilchen, wirkt sich das auf das Ganze aus.

Auch gehe ich davon aus, dass die Verästelung eines Familienbaums zusätzlich mit dem weitverzweigten und verschlungenen Wurzelwerk desselben korrespondiert: Die Erfahrungen selbst der Ahnen, an die es keine bewusste persönliche Erinnerung gibt, wirken sich im jetzigen Familiensystem aus. Tote und Lebende, Geborene und Ungeborene gehören untrennbar zusammen, so wie die Noten und Pausen in einem vielstimmigen Musikstück. Wer auch nur das scheinbar winzigste Teilchen ausklammert, beschneidet das Ganze seiner Vollständigkeit und so seines Heil-Seins im tieferen Sinne.

Auswirkungen im Beziehungssystem außerhalb der Familie

Das soziale Netzwerk, in dem ein Mensch steht, geht weit über seine Familie hinaus. Trauer nach einem Schwangerschaftsabbruch verändert auch Beziehungen im Freundes- und Bekanntenkreis der Betroffenen. Die verschwiegene, teilweise sich selbst nicht erlaubte Trauer führt oft zu sozialem Rückzug. Scham und Schuldgefühle sowie eine extreme Verletzlichkeit in der Trauer nach einer Abtreibung können Kontaktabbrüche nach sich ziehen. Das geschieht manchmal auch, wenn Freunde und Freundinnen um den Abbruch wissen.

Vertraut sich eine Frau vor oder nach dem Abbruch Freundinnen an, birgt dies nicht nur die Chance, außerhalb des oft von Verstrickungen belasteten Familiensystems Unterstützung zu finden, sondern auch Herausforderungen. So entstehen durch das Mitwissen mitunter Situationen, die selbst für langjährige Freundschaften zur Zerreißprobe werden können, entweder bereits im Schwangerschaftskonflikt oder zu einem späteren Zeitpunkt, sofern die Entscheidung für eine Abtreibung von der Freundin im Nachgang nicht gut verkraftet wird. Daniela berichtet (s. S. 27 f.):

»Als ich einer Freundin von meinem Schwangerschaftskonflikt erzählt hatte, bot sie mir an, jeden Weg mit mir zu gehen. Würde ich mich für das Kind entscheiden, wäre sie für mich da, und auch zu einem Abbruch würde sie mich begleiten. Ich sah ihr am Tag der Abtreibung an, dass sie sich insgeheim wünschte, ich würde noch umkehren, und war zunächst dankbar, mich nach dem Eingriff bei ihr daheim ausruhen zu können. Nachdem ich wieder zu Hause war, merkte ich, dass ich sie nicht mehr unbefangen treffen konnte und ihr ungerechterweise sogar grollte. Jede Begegnung mit ihr erinnerte mich an den Abtreibungstag. Ich schämte mich, dass ich ihre Hilfsangebote nicht angenommen hatte, das Kind doch zu bekommen. Und ich wollte auch nicht vor ihr weinen, denn ich war es gewohnt, die Dinge im Griff zu haben, und empfand die Abtreibung als Versagen. Leider haben meine Freundin und ich uns dann immer weniger gesehen und den Draht zueinander verloren. Und ich trauerte auch um eine Lebensfreundschaft.«

Auch Christina erzählt von schmerzhaften Auswirkungen in ihrem Freundeskreis:

»Da ich lange Zeit Single gewesen war, hatte ich mir in den Jahren vor der Schwangerschaft einen stabilen Freundeskreis aufgebaut. Nach dem Schwangerschaftskonflikt und seinem für mich desaströsen Ende ist von diesem Netz an Freundschaften nicht mehr viel übriggeblieben. Die Freunde, die ich eingeweiht hatte, waren zum Teil überfordert mit meiner Situation. Jene, die nichts wussten, wunderten sich über meine Wesensveränderung und zogen sich zurück. Zu einigen habe ich den Kontakt abgebrochen, weil ich ihren oft gut gemeinten verharmlosenden Umgang mit meinem Schmerz nicht ertragen konnte oder ihnen ungerechterweise vorwarf, mich nicht von der Abtreibung abgehalten zu haben.

Zwischen meiner besten Freundin Karolin und mir kam es zu einer Entzweiung, die besonders tragisch war: Einige Jahre zuvor hatte ich sie unterstützt, als sie nach ihrer Scheidung als Alleinerziehende dastand. Wahrscheinlich spielte dieser Erfahrungshintergrund für sie eine Rolle, als sie mir bei einem Gespräch vor der Entscheidung riet, ich solle mir überlegen, ob ich die Kraft hätte, mein Kind ohne Vater großzuziehen. Ich habe ihr das später zum Vorwurf gemacht. Nach der Abtreibung war ich überempfindlich. Als neben der Traurigkeit immer mehr Wut in mir hochkam, habe ich vieles auf meine Freundin projiziert. Auch frühere ungelöste Themen standen plötzlich wieder im Raum. Ich fühlte mich wie eine offene Wunde und habe mich schließlich völlig von der Außenwelt zurückgezogen und meiner Freundin sogar die Freundschaft gekündigt. Erst nach Jahren konnten wir uns wieder annähern.

Im Nachhinein denke ich, es war falsch, so viele andere Menschen in meinen Konflikt einzuweihen. Es hat viele Beziehungen belastet oder gar zerstört. Andererseits war ich immer ein Beziehungsmensch und hätte mir schwer vorstellen können, das alles mit mir selbst auszumachen. Dass ich in meiner Ausnahmesituation einigen Freunden gegenüber ungerecht war, tut mir heute leid. Rückblickend denke ich aber, diese schreckliche Zeit hat einiges in meinem Umfeld sortiert. Die wenigen Freundschaften, die geblieben sind oder später wieder in die Versöhnung fanden, sind die wirklich tragfähigen Beziehungen in meinem Leben.«

Ein Schwangerschaftsabbruch kann auch bei Menschen außerhalb des Familiensystems direkte oder indirekte Betroffenheit und Trauerreaktionen auslösen. Waren sie in den Schwangerschaftskonflikt eingeweiht und erleben danach, dass der Abbruch von ihrer Freundin nicht gut verkraftet wurde, fragen sie sich zuweilen im Nachhinein, ob sie nicht unterstützender hätten sein können, und entwickeln dabei auch Schuldgefühle. Christinas Freundin Mareike erzählt:

»Christina hatte mir bei einem Telefonat anvertraut, dass sie schwanger war und ihr Partner sie unter Druck setzte, abzutreiben. Ich hätte ihr gerne geholfen, wollte aber nicht übergriffig sein und riet ihr deshalb, eine Beratungsstelle aufzusuchen. Damit verband ich die Hoffnung, sie bekäme dort professionelle Unterstützung. Als sie mir danach mitteilte, dass nur noch eine Abtreibung für sie infrage komme, hat mich das verstört. Denn in unserem ersten Gespräch hatte sie gesagt, sie würde einen Abbruch nicht verkraften. Was war da geschehen? Und hätte ich noch mehr für sie da sein sollen? Hätte Christina konkretere Hilfsangebote von mir gebraucht? Hätte ich sie daheim besuchen und persönlich mit ihr sprechen sollen? Ich habe mit meiner Freundin nach der Abtreibung um das Kind geweint und mich auch selbst infrage gestellt. Hätte ich sie am Abbruchtag noch aufsuchen und von diesem Schritt versuchen sollen abzuhalten? Ich hatte gedacht, Abtreibung sei nicht ohne Grund eine lange von Frauenrechtlerinnen erstrittene Option und es stünde mir nicht zu, meiner Freundin dareinzureden. Dass der Einfluss des Kindsvaters für sie so mächtig war, machte mich wütend. Ich habe das erst später verstanden, als Christina mir die Tragweite ihrer damaligen Depressivität und einige ihrer Vorerfahrungen schilderte. Das in mir vorherrschende Gefühl in all dem war eine heillose Überforderung.«

Das Wissen um den Schwangerschaftskonflikt einer Freundin kann ein Dilemma auslösen, in dem verschiedene Werte miteinander streiten. Einerseits wollen gute Freundinnen unterstützend wirken, andererseits scheuen sie sich zu Recht, auf die

Entscheidung Einfluss zu nehmen. Auch ist es eine Herausforderung für sie, im Nachgang eines Abbruchs zuweilen auftretende Schuldzuweisungen auszuhalten. Ihr Mitwissen wird oft zu einer Belastung. Ist es an das Versprechen gekoppelt, anderen nichts zu erzählen, kann dies zu Loyalitätskonflikten führen.

Auch insofern die Situation eigene Vorerfahrungen triggert oder das eigene Wertesystem infrage stellt, erleben eingeweihte Menschen außerhalb der Familie die Ausnahmesituation eines Schwangerschaftskonflikts als belastend. Sie hätten, je nach ihrem Wesen, vielleicht großen Redebedarf, sehen sich aber wegen des Versprechens, das ihnen Anvertraute nicht weiterzuerzählen, ihrer Freundin gegenüber auch bei Nachfragen des eigenen Partners zu Schweigen verpflichtet. Dieses Schweigen löst einen Verlust an Nähe in der eigenen Partnerschaft aus. Wird es schließlich doch von ihnen gebrochen, zieht dies wiederum Schuldgefühle gegenüber der Freundin nach sich usw.

Wendet sich eine langjährige Weggefährtin im Zusammenhang mit ihrem Schwangerschaftsabbruch von nicht eingeweihten Freunden ab, fällt es diesen schwer, einzuordnen, warum es zu dem Rückzug kam. Erfahren sie später, dass die Freundin ihren Schwangerschaftskonflikt vor ihnen verschwiegen hat, kann das die Tragfähigkeit des ehemaligen Vertrauensverhältnisses für sie infrage stellen und Grübeleien auslösen wie: »Warum ist sie damit nicht zu mir gekommen? Ich hätte doch versucht, ihr zu helfen!«.

Nach einem Schwangerschaftsabbruch können durch den Austausch mit anderen Betroffenen neue Freundschaften entstehen. Das Teilen ähnlicher Erfahrungen beschreiben viele Betroffene als Quelle der Heilung. Allerdings sind Angebote zum Austausch zwischen Menschen nach einem Schwangerschaftsabbruch noch immer kaum vorhanden. Auch deshalb bleiben viele mit ihrer Trauer nach einem Schwangerschaftsabbruch allein.

Über das Beziehungsnetz von Freundschaften hinaus tangiert eine Abtreibung zudem Beziehungen Betroffener zu behandelnden Ärzten und im beruflichen Kontext. Angelika erzählt:

»Als ich nach meinem Abbruch massive Schlafstörungen hatte, bat ich meine Hausärztin, mich krankzuschreiben. Sie reagierte schroff auf die Schilderung meiner Entscheidung und darauf, dass es mir nun mit dem Erlebten nicht gut ging. ›Sie haben abgetrieben? Da müssen Sie nun sehen, wie Sie klarkommen. Für so etwas gibt es bei mir keine Krankschreibung!‹, sagte sie zu mir in sichtlicher Erregung. Ich habe mich von ihr alleingelassen und verurteilt gefühlt und die Arztpraxis gewechselt.«

Angesichts solcher Erfahrungen stellt sich mir die Frage, wie ein sensibler Umgang mit dem Reizthema »Abtreibung« in Arztpraxen und Kliniken gefördert werden kann. Wie geht es Frauenärztinnen bei und nach einem Abbruch bzw. wenn eine Patientin im Schwangerschaftskonflikt zu ihnen kommt? Was löst es in ihnen aus, wenn sie von ihrer Grundhaltung her Abtreibungen befürworten und danach erfahren, dass eine Frau nicht damit zurechtkommt? Was kann sie, sofern sie Abtreibungen verurteilen, unterstützen, achtsam mit Frauen umzugehen, die sich für einen Abbruch entscheiden? Wie kommunizieren Gynäkologen die Risiken einer Spätschwangerschaft bei noch unentschlossenen Frauen? Und gibt es Angebote der Supervision für medizinisches Fachpersonal, an dem die praktische Ausführung von Schwangerschaftsabbrüchen unter Umständen nicht spurlos vorbeigeht? Auch hier tut sich ein weites Feld von Fragen auf, das ich der Vollständigkeit halber nicht übergehen möchte, ohne es in diesem Buch weiter vertiefen zu können.

Selbst im beruflichen Kontext wirkt sich Trauer nach einem Schwangerschaftsabbruch aus. Im Extremfall können Frauen nach einer Abtreibung ihren ursprünglichen Beruf nicht mehr ausüben, weil sie nicht mehr die sind, die sie vorher waren, oder aber die Trigger im Alltag nicht ertragen. Dies ist mitunter der Fall, wenn sie beispielsweise vor der Schwangerschaft beruflich mit kleinen Kindern befasst waren. Manchmal fallen Trauernde nach einem Abbruch länger aus oder sind zwar anwesend, aber nicht voll einsatzfähig. Selten vertrauen sie sich Kolleginnen an und erleben auch dann eher Unverständnis als Mitgefühl. Angelika erzählt:

»Meine Lieblingskollegin Petra wunderte sich, dass ich monatelang bedrückt und oft krankgeschrieben war. Als ich ihr schließlich von dem Abbruch erzählte, war sie entsetzt: ›Wie konntest du das nur tun? Das hätte ich nie gemacht, ein Kind abzutreiben, das ist ja furchtbar.‹ Unser Verhältnis hat unter meinem Outing gelitten. Ich denke heute, ich hätte besser nicht im Geschäft über meine Entscheidung gesprochen. Dass ich mich in einer Ausnahmesituation entgegen meiner Grundeinstellung für eine Abtreibung entschieden habe, das war vielen Außenstehenden schwer vermittelbar.«

Bruchstücke: Mosaik der Trauer nach einem Schwangerschaftsabbruch

»Das Ganze ist mehr als die Summe seiner Teile.«
(Aristoteles)

Viele Erfahrungen zeigen, dass eine Abtreibung nie nur Sache der betroffenen Frau ist, sondern sich im Beziehungsnetz der Betroffenen auf andere Menschen in vielfältiger Weise auswirkt. Absolute Autonomie und Selbstbestimmung sind meines Erachtens eine Illusion, da auch zutiefst persönliche Entscheidungen in der Regel mitbeeinflusst sind von zuvor gemachten Beziehungserfahrungen. Nach einem Schwangerschaftsabbruch verändert sich das soziale Gefüge, in dem eine Frau steht, und zwar nicht nur innerhalb der Familie, sondern auch über diese hinaus. Das Streben nach Selbstverwirklichung und Autonomie, das in den letzten Jahrzehnten großgeschrieben wurde, muss vor diesem Hintergrund in meinen Augen ergänzt werden um das Bewusstsein, dass der einzelne Mensch immer Teil eines Ganzen ist und seine Autonomie höchstens als relationale Autonomie, also relative Selbstbestimmung in Abhängigkeit von seinen Beziehungen, verwirklichen kann. Wie sehr alles mit allem zusammenhängt, zeigen auch die globalen Krisen unserer Zeit mit Pandemie, Krieg in Osteuropa, Nahostkonflikt und Klimawandel.

Bei der Trauer nach einem Schwangerschaftsabbruch ergibt sich durch das In-Beziehung-Stehen Betroffener mit vielen anderen Menschen ein komplexes Mosaik der Trauer, das ich im Folgenden beleuchten und um einen besonders gewichtigen Stein ergänzen möchte.

Trauer um das ungeborene Kind

In erster Linie betrifft Trauer nach einem Schwangerschaftsabbruch die Mutter und ihr ungeborenes Kind. Diese Trauer zuzulassen, ist bereits eine Herausforderung. Tiefreichende Schuldgefühle können dies erschweren. Dabei ist die Trauer einer Mutter um ihr Kind unvergleichlich mit der Trauer anderer Personen, da die Verbindung zwischen Mutter und Kind von Anfang an sehr eng ist und eine Abtreibung sich ebenso wie das Heranwachsen des Kindes im Körper der Mutter selbst ereignet. Allerdings ist auch hier das persönliche Empfinden unterschiedlich und geprägt vom Wesen, dem eigenen Wertesystem und den Vorerfahrungen der Betroffenen. Eine Schwangere, die davon ausgeht, dass das Ungeborene bereits ein kleiner Mensch und ihr Kind ist, wird in der Regel mehr mit Trauerreaktionen zu kämpfen haben als eine Frau, die im Embryo in der Frühschwangerschaft nichts mehr als einen Zellverbund sieht. Es leuchtet vor diesem Hintergrund ein, dass Abtreibungsbefürworter die Personalisierung des »Schwangerschaftsgewebes« in den ersten Schwangerschaftswochen seitens der Abtreibungsgegner kritisieren. Denn die Entfernung eines Gewebes ist etwas gänzlich anderes als ein sich bereits im Werden befindendes kleines Lebewesen in seiner Entwicklung zu stoppen. Es macht für den Trauerprozess einen enormen Unterschied, ob eine Schwangere von ihrem Kind oder ihrem Bauch spricht. Deshalb sollte die von der Schwangeren verwendete Wortwahl auch im gesetzlich noch vorgeschriebenen Beratungsgespräch berücksichtigt werden.

Trauer um eigenes ungelebtes Leben und Mutterschaft

Trauerreaktionen der Frau nach dem Abbruch beinhalten zumeist Trauer um eigenes ungelebtes Leben. Ein Schwangerschaftsabbruch ist eine Entscheidung, die das weitere Leben zutiefst prägt. Er zieht zuweilen Trauer um eigene Lebensträume nach sich, insbesondere dann, wenn das ungeborene Kind ein Wunschkind war, was auch nach Frühabbrüchen ohne medizinische Indikation durchaus vorkommt. Das persönliche Entwicklungspotenzial als Mutter eines irdischen Kindes wird mit einer Abtreibung in seiner Entfaltung gebremst. Sofern die abgebrochene Schwangerschaft die einzige war, löst die Entscheidung weiterhin Trauer um ungelebte Mutterschaft im Grundsätzlichen aus. Trauer um ungelebtes Leben ist besonders bitter und schwer zu tragen, da es keine Erinnerungen gibt, aus denen letztlich Dankbarkeit wachsen kann.

Tröstlich vermag die Einsicht zu sein, dass es stets ein Teil der menschlichen Natur ist, dass Lebensmöglichkeiten ungenutzt bleiben (vgl. Müller, 2014, S. 60 f.). Die Entscheidung gegen die irdische Mutterschaft birgt zudem das Potenzial, ungebundene Kraftressourcen, die dem ungeborenen Kind bei seinem Aufwachsen zugutegekommen wären, auf anderen Wegen in einer dem Leben dienlichen Weise zu nutzen. Gelingt dies beispielsweise in der Fürsorge für andere Menschenkinder oder Bedürftige kann es zur Heilung der Trauer um ungelebtes Leben beitragen. Christina spricht in diesem Zusammenhang von ihrer »überschüssigen Mutterliebe«, ein anrührender Begriff, der zeigt, dass eine Frau auch nach einer Abtreibung eine Mutter bleibt, sofern sie sich als in einer Beziehung zu ihrem Kind stehend erlebt.

Trauer um die mit dem Abbruch zerbrochene Partnerschaft

Zerbricht im Zusammenhang mit einem Schwangerschaftsabbruch die Beziehung zum Kindsvater, hat die trauernde Frau einen doppelten Verlust zu tragen. Das Wegfallen der Paarbeziehung führt zu weiterer Einsamkeit, besonders wenn außer dem Partner niemand von der Schwangerschaft und ihrem Ende wissen durfte. Die Betroffene muss sich nun auch als Frau und Partnerin neu finden. Zusätzlich erschwert wird ihre Situation dadurch, dass der Beziehungsabbruch zum Partner oft nicht der einzige Kontaktverlust ist. Aus den bereits geschilderten Gründen verliert die Frau daneben zuweilen auch Freundschaften und erlebt, dass Bindungen zu Bezugspersonen in Familie und Bekanntenkreis unter ihrer erschwerten Trauersituation leiden.

Trauer um Beziehungsabbrüche im weiteren Umfeld

Christina erzählt:

»Abbruch führt zu Abbruch. Wie oft habe ich das nach der Abtreibung gedacht. Ich war danach nicht mehr die Gleiche wie vorher und habe mich von vielen Menschen zurückgezogen. Nicht nur wegen meiner Verletzlichkeit nach der Abtreibung, sondern auch aus Scham. Wie hätte ich meinen Freunden, die mich als kinderlieb und lebensbejahend kannten, begreiflich machen sollen, dass ich diese Entscheidung getroffen hatte? Im Prinzip stand ich plötzlich allein da. Der Abgrund von Schmerz in mir hat mich von meinem Freundeskreis entfremdet und in der Familie isoliert.

Rückblickend half mir diese Krise dabei, meine Beziehungen zu sortieren. Einige davon, deren Oberflächlichkeit ich nicht mehr ertragen konnte, sind in die Brüche gegangen. Andere haben sich nach einer Zeit der Distanz wieder aufgreifen und sogar vertiefen lassen. Auch die Beziehung zu mir selbst war demoliert. Denn mir selbst zu verzeihen, das war das Schwerste.«

Christina spricht im letzten Satz einen weiteren Stein im Mosaik der Trauer nach einem Schwangerschaftsabbruch an, der einem Felsbrocken gleicht und dem ich mich nun gesondert widmen möchte.

Trauer um die eigene Integrität

Bei der Trauer um die eigene Integrität geht es um die Beziehung Betroffener zu sich selbst. Integrität bedeutet, dass Denken, Reden und Handeln einer Person mit ihrem eigenen Wertesystem in Einklang sind. Das ist ein hehrer Anspruch, dem wohl kaum ein Mensch immer gerecht wird. Besonders in einer krisenhaften Ausnahmesituation, wie sie durch einen Schwangerschaftskonflikt ausgelöst werden kann, passiert es nicht selten, dass ein Mensch entgegen seinem Wertesystem handelt. Dies führt zu einer kognitiven Dissonanz, in der es Betroffenen schwerfällt, ihre Grundeinstellung und ihr Handeln auf einen Nenner zu bringen.

Hat eine Frau von ihrem Wesen und von ihrer Prägung her einen moralisch hohen Selbstanspruch, führt das oft dazu, dass sie sich nach der Entscheidung für einen Schwangerschaftsabbruch selbst wie gebrochen fühlt und unter dem subjektiven Erleben eines Selbstverlustes leidet, einer Trauer um die eigene Integrität. Viele Frauen berichten, dass sie sich nach dem Abbruch »selbst nicht mehr im Spiegel erkannten« (Daniela, s. S. 27 f.).

Sie verurteilen sich harsch für ihre Entscheidung und haben zudem das Vertrauen in sich selbst und die eigene Entscheidungskompetenz verloren. Ein nicht zu unterschätzender Teil ihres Schmerzes rührt mit daher, dass sie ihren eigenen Ansprüchen nicht gerecht wurden. Aus welcher Grundeinstellung heraus jemand das Reizthema »Abtreibung« beurteilt, wirkt sich auf den Trauerprozess nach einem Abbruch aus. Nicht die Situation allein löst den Schmerz um den vermeintlichen Integritätsverlust aus. Dieser Schmerz entspringt auch einer sich selbst verurteilenden Bewertung des eigenen Handelns.

Interessanterweise können sowohl eine abtreibungsbefürwortende Einstellung als auch die Annahme, Abtreibung sei Mord, den Trauerprozess erschweren. Wird das Erlebte verharmlost, führt dies unter Umständen zur Verdrängung von Trauer. Denn rational betrachtet, besteht so kein Anlass, traurig zu sein. Bei der entgegengesetzten Haltung, die Abtreibung kriminalisiert, rückt der Schuldgedanke so sehr in den Vordergrund, dass der Trauerfluss ebenfalls blockiert und zuweilen sogar dauerhaft ersetzt wird durch Tendenzen zur Selbstbestrafung, die sich in psychischen und physischen Beschwerden manifestieren.

Die Trauer um die eigene Integrität ist geprägt von großer Erbarmungslosigkeit sich selbst gegenüber und deshalb schwer zu lösen. Eine wichtige Traueraufgabe ist dabei, die eigenen Einzelteile wieder zusammenzusetzen und auch bisher als unumstößlich geltende Grundsatzvorstellungen zu überprüfen und unter Umständen zu erweitern. Das geht nicht ohne eine gesunde Demut und die Entwicklung von Verständnis und Mitgefühl mit sich selbst. Christina erzählt:

»Ich hasste mich lange Zeit dafür, dass ich diese Entscheidung getroffen hatte. Alles, was ich vorher über mich gedacht hatte, war infrage gestellt, meine religiöse Einstellung, mein Wertesystem, meine Liebe zu Kindern – dies alles brachte ich mit diesem Schritt nicht zusammen. Allerdings lernte ich dabei auch, nie wieder ›nie‹ zu sagen und andere nicht mehr für Handlungen zu verurteilen, die ich nicht in mein Weltbild einordnen konnte. Vor der Abtreibung war ich schnell dabei, mich moralisch über andere zu stellen. Das wurde mir erst bewusst, als ich selbst an meinen hehren Idealen gestrauchelt und ins Bodenlose gefallen bin. In einer Gesprächstherapie lernte ich mühsam, mich wieder in einem milderen Licht zu betrachten.

Die Situation, in der ich gegen meine Grundeinstellung gehandelt hatte, war besonders schwer gewesen. Sie hat mich an meine Grenzen gebracht und mich rückblickend bescheidener und barmherziger gemacht, mit mir selbst und mit anderen. Bis dahin war es ein langer Weg. Heute noch wirft es mich auf diesem Weg manchmal zurück, und es kostet mich viel Geduld mit mir selbst, meine Bruchstücke wieder einzusammeln und etwas Neues daraus zu bauen, eine neue Brücke zu mir selbst.«

Letztlich geht es bei der Trauer um die eigene Integrität darum, vermeintliche Widersprüche in sich selbst anzuerkennen und auszuhalten. Die Grundsätze eines Menschen bleiben seine Grundsätze, auch wenn er in extremen Situationen aus Gründen subjektiver Not ihnen entgegengesetzt gehandelt hat. Um wieder heil zu werden, ist es wichtig, diese Paradoxien anzunehmen und in ein erweitertes Selbstbild zu integrieren. Ein solcher Heilungsprozess braucht Zeit und manchmal auch eine einfühlsame professionelle Begleitung.

Bevor ich hilfreiche Werkzeuge und Aspekte einer Trauerbegleitung nach Schwangerschaftsabbruch beschreibe, liegt mir aufgrund der besonders schwierigen Trauersituation nach einer Abtreibung ein Exkurs mit Leitlinien für Trauerbegleiterinnen am Herzen.

4 Nichts ohne Grund: Werkzeuge zum Brückenbauen

Vorbemerkungen für Trauerbegleiterinnen

Trauernde brauchen in erschwerten Trauersituationen:

- offene Ohren;
- die Erfahrung des vorbehaltlosen Angenommenseins;
- Ermutigung und Rückhalt;
- Nähe und professionelle Distanz ihres Trauerbegleiters;
- die Erinnerung an eigene Ressourcen und Unterstützung, auf diese im Trauer- und Heilungsprozess zurückzugreifen;
- die Erlaubnis, alle Gefühle zuzulassen und zu äußern, auch scheinbar paradoxe;
- ein wertfreies Widerspiegeln all dieser Gefühle in einem geschützten Raum;
- die Erfahrung, in ihrer Trauer ernst genommen zu werden (dazu zählt: Schuldgefühle weder zu übergehen noch zu verstärken!).

Die Begleitung Trauernder nach einem Schwangerschaftsabbruch verlangt von Trauerbegleiterinnen ein besonderes Fingerspitzengefühl, persönliche Stabilität und ein hohes Maß an wertfreier Achtsamkeit. In folgenden Fällen rate ich davon ab, eine solche Begleitung zu übernehmen:

1. Sie stehen dem Thema »Schwangerschaftsabbruch« verurteilend gegenüber: Eine solche Grundeinstellung erschwert die konstruktive Begleitung, da sie zu einer belastenden

Verstärkung von Schuldgefühlen bei Betroffenen führen kann.

2. Sie können von Ihrer abtreibungsbefürwortenden Grundhaltung her nicht verstehen, dass ein Schwangerschaftsabbruch Trauer auslöst: In diesem Fall wird es schwer für Sie sein, Empathie für Betroffene zu entwickeln und deren Gefühle ernst zu nehmen.
3. Das Thema »Abtreibung« triggert Sie aufgrund eigener unbearbeiteter Erfahrungen wie beispielsweise einer Fehl- oder Totgeburt, ungewollter Kinderlosigkeit, dem Verlust eines geborenen Kindes oder Ähnlichem: Dann könnte es Ihnen schwerfallen, Betroffenen mit einer gesunden inneren Distanz zu begegnen und Übertragungen eigener Erfahrungen zu vermeiden. Sofern ähnliche Verlusterfahrungen gut integriert wurden, ist die eigene Betroffenheit auch eine Chance zu besonderer Empathie. Hier gilt es im Persönlichen zu prüfen, wie gut das Erlebte inzwischen bearbeitet wurde und wie sehr man trotz der eigenen Betroffenheit dazu in der Lage ist, zwischen der eigenen Trauer und der Trauer des Gegenübers zu unterscheiden.
4. Sie merken beim Erstgespräch, dass die »Chemie« zwischen Ihnen und der Trauernden »nicht stimmt«: Wenn die Trauernde Ihnen, warum auch immer, nicht sympathisch ist, ist es nahezu undenkbar, eine von Vertrauen und Wertschätzung getragene Beziehung in der Begleitsituation aufzubauen. In diesem Fall ist es geboten, der Ratsuchenden andere Begleiterinnen oder Angebote vorzuschlagen und ihr ruhig und freundlich zu erklären, dass Ihnen aus persönlichen Gründen die Übernahme der Begleitung nicht passend erscheint.
5. Sie beobachten beim Erstkontakt oder im Laufe der Begleitung, dass die Betroffene psychisch in einem Maße belastet ist, dass Ihnen eine professionelle psychotherapeutische Betreuung indiziert scheint. Die Grenzen zwischen einer normalen

Trauerreaktion und einer erschwerten Trauersymptomatik sind oft fließend. Ein wichtiges Merkmal für die Notwendigkeit psychotherapeutischer oder auch psychiatrischer Behandlung ist die sich wiederholende und ernst zu nehmende Beschäftigung mit Suizidgedanken, die nach einem Schwangerschaftsabbruch auch Ausdruck eines Nachsterbewunsches sein kann. In diesem Fall sowie bei Anzeichen dafür, dass das Erlebte mit einem Trauma verbunden ist, zögern Sie nicht, die Trauernde zu einem Psychotherapeuten oder sogar zum Selbstschutz in ein psychiatrisches Krankenhaus zu schicken. Es ist ein Baustein gesunder Selbstfürsorge, als Trauerbegleiterin eigene Grenzen anzuerkennen und abzugeben, was in eigener Verantwortung nicht tragbar erscheint.

Sorgen Sie besonders bei Begleitungen in erschwerten Trauersituationen gut für sich selbst. Sollten Gespräche Sie zu sehr aufwühlen, Ihnen zu nahegehen oder Sie gar überfordern, suchen Sie Unterstützung für sich selbst, beispielsweise im Austausch mit Kolleginnen oder im Rahmen einer Supervision.

Zur Selbstfürsorge zählt außerdem ein gutes Zeitmanagement: Nehmen Sie sich genügend Zeit für schwere Begleitsituationen. Auch die notwendige Vor- und Nachbereitung lässt es unratsam erscheinen, um ein Beratungsgespräch herum eng getaktete Vor- oder Nachtermine zu legen. Die Entwicklung eigener Rituale unterstützt dabei, nach einer Begleitung energetisch wieder abzugeben, was nicht zu Ihnen gehört und Sie bei aller notwendigen Empathie nicht persönlich belasten sollte. Solche Rituale können sich zum Beispiel im bewussten Ausblasen einer Kerze oder im Lüften des Raums, in dem das Beratungsgespräch stattfand, entfalten, oder auch dadurch, dass Sie sich eine Zeit der Stille gönnen, bevor Sie zurück in den Alltag gehen.

Zu einem guten Zeitmanagement der Begleitung gehört es, bereits im Vorfeld von Treffen mit Trauernden einen klar festgelegten Zeitrahmen anzubieten. Das schützt sowohl die Betroffene als auch die Begleiterin im Gespräch vor zermürbenden Endlosschleifen und fördert die Konzentration auf das Wesentliche. Selbstverständlich sollte die zeitliche Begrenzung mit der Option verbunden sein, das begonnene Gespräch bei einem Folgetermin fortzusetzen. Manchmal äußern Betroffene kurz vor dem Ende der Gesprächszeit, unter Umständen sogar erst zwischen Tür und Angel, sozusagen »im Schutz der letzten fünf Minuten«, etwas besonders Wichtiges. Notieren Sie das unbedingt in Ihrer ohnehin hilfreichen Dokumentation des Gesprächs, damit Sie in der nächsten Sitzung darauf zurückkommen und daran anknüpfen können.

Es empfiehlt sich, für die Einzelbegleitung eine bestimmte Anzahl von Terminen zu vereinbaren und den Abschied gut vorzubereiten. Sofern es angemessen erscheint, kann ein weiteres Terminpaket angeboten werden. Letztlich sollte die Trauerbegleitung immer zeitlich begrenzt sein, um die Trauernden in ihrer Eigenständigkeit zu fördern und zurück ins Leben zu führen.

Trauerbegleitung ist zudem eine Frage der Haltung und sollte von wertfreier Achtsamkeit getragen sein. Weder verurteilende noch verharmlosende Äußerungen helfen Betroffenen weiter. Es gilt vielmehr, in liebevoll annehmender Weise (mit-)auszuhalten und anzuschauen, was geschehen ist und was es in der Betroffenen ausgelöst hat, um dem Schmerz durch seine Annahme einen Raum der Verwandlung zu öffnen.

Der Begriff der wertfreien Achtsamkeit beinhaltet für mich keine Beliebigkeit oder Bagatellisierung im Umgang mit Trauer nach Abtreibung. Dazu ist dieses Thema zu weitreichend in seinen Auswirkungen, auf die Betroffenen selbst ebenso wie auf ihr Umfeld. Vielmehr speist sich eine wertfreie Achtsamkeit in diesem Zusammenhang für mich aus der Grundannahme, dass der Wert eines Menschen durch seine Entscheidungen und Erfahrungen niemals gemindert werden kann, selbst wenn diese das Leben vordergründig betrachtet verletzten.

Auch zutiefst schmerzliche Brüche können im Letzten zu seelischem Wachstum beitragen und dem Leben dienen, wenn sie beleuchtet, durchlebt, integriert und verwandelt werden. Der Satz »Nichts ohne Grund« ist mir an dieser Stelle besonders wichtig: Eine konstruktive Trauerbegleitung nach einem Schwangerschaftsabbruch hilft Betroffenen zum einen, die Gründe ihrer Entscheidung zu reflektieren und anzuerkennen. Zum anderen ermöglicht sie, nicht zuletzt durch eine vertrauensvolle Beziehung zur Begleiterin, die Erfahrung, getragen zu sein und selbst nach als schuldhaft bewerteten Brüchen nicht ins Bodenlose zu fallen, sondern wieder neuen Grund unter den Füßen gewinnen zu können.

Sätze, die nicht hilfreich sind

Die sensible Situation der erschwerten Trauer nach einem Schwangerschaftsabbruch verlangt einen besonders achtsamen Umgang mit Worten und eine respektvolle Zurückhaltung im Bewerten. Folgende Sätze sind häufig gut gemeint und doch auf keinen Fall hilfreich und sollten, auch in privaten Begegnungen mit Betroffenen, vermieden werden:

»Wer weiß, wozu es gut war ...«

Idealerweise kommen Betroffene rückblickend nach der gelungenen Integration ihrer Trauer zu dem Schluss, dass die schmerzliche Erfahrung eines Schwangerschaftsabbruchs sie hat reifen lassen oder ihnen Freiräume eröffnete, bewusster zu leben. In der Trauerbegleitsituation selbst ist für sie jedoch oft noch nicht erkennbar, dass an dem Erlebten etwas Gutes sein könnte. Gefühle der Verzweiflung, Ohnmacht und Enttäuschung stehen im Vordergrund und müssen zunächst so stehen gelassen und auch von den Begleiterinnen ausgehalten werden.

»Du bist nicht die Einzige …«

Anderen zu begegnen, die eine ähnliche Erfahrung gemacht haben, kann im Laufe des Trauerprozesses hilfreich sein. Zunächst ist die Aussage, nicht die Einzige zu sein, jedoch insofern verletzend, als sie den persönlichen Schmerz Betroffener relativiert. Jede Trauersituation bleibt stets einzigartig. Und der Hinweis, dass andere mit ihrem Verlust eventuell »besser« umgingen oder ihn »auch verwunden haben«, ist kränkend.

»Es war noch kein (richtiges) Kind …«

Die Frage, ab welchem Zeitpunkt das Ungeborene ein Kind ist, wird in der Debatte um die gesetzliche Regelung von Schwangerschaftsabbrüchen kontrovers diskutiert. Dass dabei eine Grenze nach bestimmten Wochen gezogen wird, leuchtete mir noch nie ein. Entscheidend im Trauerprozess ist für mich, ob die Betroffene selbst schon eine Beziehung zu dem Ungeborenen aufgebaut hatte. Einem Embryo grundsätzlich das Menschsein abzusprechen, ist in meinen Augen dem Ungeborenen und seiner trauernden Mutter gegenüber respektlos.

»Du kannst doch noch ein (anderes) Kind bekommen …«

Jedes noch so kleine Leben ist einzigartig und unersetzlich. Der Verlust eines Kindes, auch vor und unmittelbar nach der Geburt und selbst nach einem aktiven Schwangerschaftsabbruch, kann nicht durch die Geburt eines anderen Kindes ausgeglichen werden. Er hinterlässt eine Lücke, die es zu integrieren gilt. Deshalb ist auch dieser Satz nicht tröstend, sondern kränkend und alles andere als hilfreich.

»Du hast das Kind doch gar nicht gewollt …«

Gerät eine Frau in einen Schwangerschaftskonflikt, löst das ein Gefühlschaos bei ihr aus. Je nach Kontext ist es möglich, dass sie auch ein Wunschkind nicht auf die Welt bringt, weil eine schwierige Lebenssituation oder der Mangel an Unterstützung Gefühle der Angst, Ohnmacht und Überforderung zu groß werden lassen. Viele Betroffene sprechen von einer schwer aufzulösenden inneren Zerrissenheit, die dabei entstehen kann. Eine Abtreibung bedeutet nicht zwangsläufig, dass das ungeborene Kind nicht gewollt war. Und selbst wenn sich erst nach der Entscheidung zeigt, dass die damit verbundene Verlusterfahrung unterschätzt wurde, ist der obige Satz nicht hilfreich, denn er spricht Betroffenen das Recht auf Trauer ab.

»Du hättest es doch nicht tun müssen ...«

Die Entscheidung zu einem Schwangerschaftsabbruch fällt zumeist in einer Situation, die keinen anderen Weg mehr erkennen lässt oder in der der persönliche Freiheitsraum der Schwangeren sogar durch Druck von außen eingeschränkt ist. Sätze im Konjunktiv sind auch insofern nicht hilfreich, als sie das Hadern mit der getroffenen Entscheidung verstärken und an der nun einmal eingetretenen Situation vorbeigehen.

Die Aussage »Du hättest es doch nicht tun müssen ...« kann zudem als Vorwurf ähnlich wie »Du bist selbst schuld, dass es so kam!« gehört werden. Selbstvorwürfe plagen nach einem Schwangerschaftsabbruch trauernde Menschen jedoch ohnehin schon genug.

»Das hättest du dir früher überlegen müssen ...«

Auch diese Aussage impliziert einen indirekten Vorwurf und Unverständnis für Frauen in der Situation eines Schwangerschaftskonflikts. Einer Abtreibung gehen meistens sehr viele Überlegungen voraus, denn eine solche Entscheidung ist existenziell und nicht revidierbar. Dennoch ist im Vorhinein oft nicht absehbar, welche Wucht damit verbunden sein kann. Es gibt sogar Fälle, in denen Frauen vor der Abtreibung klar um den Schmerz wissen, auf den sie zugehen, und trotzdem keine

Alternative sehen. Vorwürfe von außen sind das Letzte, was ihnen auf ihrem Trauerweg danach helfen kann.

»Lass es (endlich) los!«

Es ist für Trauernde nach einem Schwangerschaftsabbruch oft nicht möglich, ihr Kind loszulassen, denn das Ungeborene ist und bleibt ein Teil von ihnen. Besser als das Loslassen ist das Integrieren. Nach dem Verlust eines Kindes kann die Pflege der bleibenden inneren Verbindung sogar Trost und Halt geben. Sich aus dem Bewusstsein einer unverbrüchlichen Verbindung heraus an das ungeborene Kind zu erinnern, bedeutet ein Ver-Innerlichen, ein Behalten des Kindes in transformierter Form. Denn Erinnerungen sind stets auch Ver-Innerlichungen. Ähnlich wie ein Verstorbener, mit dem Trauernde ein Stück ihres Lebens geteilt haben, wird das ungeborene Kind so im Prozess der Trauer zu einem im Herzen gewürdigten und als Bereicherung wahrgenommenen Teil der eigenen Persönlichkeit, in der es seine Spuren hinterlassen hat.

Dabei geschieht schließlich eine Verwandlung. Der Trauerweg ist ein Weg des Wandels auch in dem Sinne, dass die Trauernde auf einer Brücke zwischen Vergangenheit und Zukunft hin- und hergeht, bis diese Brücke, die sich zu Beginn des Trauerprozesses wie eine schwankende Hängebrücke anfühlen mag, durch die vielen einzelnen Schritte ihres Beschreitens stabil und tragend geworden ist. Das Bild des Wandelns auf der Brücke der Trauer ist in sich bereits tröstlich. Denn wer sich wandernd wandelt, ist in Bewegung und darf davon ausgehen, dass nichts bleibt, wie es gerade ist. Sogar der schwerste Moment geht vorüber für denjenigen, der einen Fuß vor den anderen setzt beim Wandern. Im Hin- und Hergehen auf der Brücke der Trauer kommt es immer mehr zu einem annehmenden Integrieren des Erlebten und im speziellen Fall der Trauer nach einem Schwangerschaftsabbruch auch des Ungelebten. So kann Wachstum geschehen.

Ein Reifungsprozess seelischer Vertiefung wird initiiert durch die tiefe Erfahrung des Verlustes, und dies eröffnet die Möglichkeit, dem Geschehenen eine Sinndeutung zu verleihen. Ein solcher Prozess braucht wie jeder Wandel und jede Wanderung Zeit.

Das Wort *endlich* in dem Satz »Lass (es) endlich los!« ist auch deshalb unangebracht und anmaßend: Wer könnte von außen je beurteilen, wann die Zeit für welchen Schritt in der Trauer eines anderen Menschen gekommen ist?

»Reden ist Silber, Schweigen ist Gold«: Die Kraft der Stille in der Begleitung

Grundsätzlich gilt bei Unsicherheit oder gar subjektiv empfundener Überforderung angesichts einer erschwerten Trauersituation das alte Sprichwort: »Reden ist Silber, Schweigen ist Gold!« Es ist besser, anteilnehmend zuzuhören und ohne Kommentare das Anvertraute schweigend mitzutragen, als es mit ungeschickten Worten zu zerreden, zu relativieren und Betroffene möglicherweise verbal noch mehr zu verwunden.

Schweigen auszuhalten und schweigend die Trauer eines anderen mit auszuhalten, ist für viele Menschen schwer, da es von ihnen ein Stück weit auch als Eingeständnis eigener Machtlosigkeit empfunden wird, die dem allgemein verbreiteten Bedürfnis nach Kontrolle über eine Situation widerspricht. Sich dennoch auf das Schweigen einzulassen, beinhaltet deshalb auch ein Anerkennen eigener Grenzen in gesunder Demut. In manchen Situationen ist es weitaus angemessener zu schweigen, als unbedachte Floskeln und Gemeinplätze von sich zu geben, die der Tiefe des Erlebens einer Trauernden nicht gerecht werden können. Jede Trauer enthält auch Unsagbares und jegliche Worte Übersteigendes. Insofern ist das achtsame und anteilnehmende Schweigen in der Trauerbegleitung nicht zuletzt ein Ausdruck von Respekt. In der Stille liegt eine besondere

Kraft, denn sie eröffnet einen Raum intensiver Konzentration und Ver-Innerlichung. Die Trauererfahrung wird nicht zerredet, stattdessen können auch Unsagbares und Unsägliches in der Stille gewürdigt werden. Nicht ohne Grund sind bzw. waren Schweigeminuten in Trauerfeiern oder nach Katastrophen, eine stille Totenwache bei zu Hause aufgebahrten Verstorbenen sowie Trauermärsche zum Grab in einer Gemeinschaft schweigender Menschen Bestandteile einer lebendigen Trauerkultur. Solche für viele Generationen tragenden Traditionen geraten durch den neuzeitlichen Versuch, den Tod aus dem Leben auszulagern, zum Teil leider zunehmend in Vergessenheit. Sollte das Bedürfnis, in einer Trauerbegleitsituation etwas zu sagen, zu groß werden, um längere und auch bedrückende Phasen der Stille auszuhalten, kann die eigene Sprachlosigkeit benannt werden in Formulierungen wie: »Ich weiß gerade nicht, was ich sagen soll. Ich habe den Eindruck, dass es jetzt keine richtigen Worte angesichts deiner Trauer gibt.«

Benennt die Trauerbegleiterin ihre eigene Sprachlosigkeit, ist sie für Trauernde tröstender, authentischer und glaubwürdiger, als wenn sie vorschnelle Bewertungen und oberflächliche Schein-(Ver-)Tröstungen von sich gibt. Mitgefühl lässt sich auch nonverbal vermitteln, etwa durch anteilnehmende Gesten wie stärkende Berührungen mit der Hand. Dabei ist darauf zu achten, dass es nicht zu als übergriffig erlebbaren Aktionen kommt und die nonverbale Kommunikation zwischen der Trauerbegleiterin und der Betroffenen mit der Beziehungsebene der beiden korrespondiert. Weitere nonverbale Gesten einer stärkenden Begleitung sind das stille Anbieten eines Papiertaschentuchs oder auch das Mitweinen, sofern es von Herzen kommt. Grundsätzlich fördert die ebenfalls nonverbale liebevolle Gestaltung des Gesprächsraums, beispielsweise durch das Anzünden einer Kerze bei der Begrüßung und das Bereitstellen von Tee oder Kaffee und Keksen oder Ähnlichem, eine Atmosphäre der den

Körper umfassenden Fürsorge, die Vertrauen herstellt. Dieses Vertrauen kann durch unreflektierte verbale Phrasen schnell verspielt werden.

Vom Umgang mit Schuldgefühlen

Schuldgefühle sind fast immer Teil der Trauer. Hinterbliebene fragen sich oft, was sie dem Verstorbenen schuldig geblieben sind, was sie an ihm versäumt haben oder was sie hätten tun können, um seinen Tod zu verhindern.

Diese Schuldgefühle halten zum einen die Verbindung zwischen Lebenden und Toten aufrecht (vgl. Paul, 2010) und können zum anderen die Akzeptanz und Integration des Verlustes in das weitere Leben erschweren. Gleichzeitig regulieren Schuldgefühle die Beziehungen zwischen Lebenden, indem sie das eigene Verhalten und dessen Auswirkungen auf andere prüfen helfen.

Unabhängig davon, ob Schuldgefühle einen realen Hintergrund haben oder »nur« subjektiv empfundenes Versagen abbilden, sollten sie in der Trauerbegleitung nie übergangen oder relativiert werden. In der Begleitung nach einem Schwangerschaftsabbruch stellt der konstruktive Umgang mit Schuldgefühlen eine besondere Herausforderung dar. Je nach Weltanschauung wird höchst unterschiedlich bewertet, ob eine Abtreibung als schuldhafte Entscheidung anzusehen ist. Aufgrund der eigenen Entscheidung gegen das Leben des Kindes haben Betroffene meistens mit besonders schweren Schuldgefühlen zu kämpfen.

Diese Schuldgefühle anzusehen, ist ein ge-wichtiger Baustein in der Trauerbegleitung nach einer Abtreibung. Schuldgefühle sollten meines Erachtens ernst genommen und gleichzeitig auf keinen Fall durch verurteilendes Werten verstärkt werden. Es stellt sich mir dabei die Frage, ob eine von einer jahrhundertealten Theologie der Sünde geprägte Sprache im Zusammenhang mit Schuld und Vergebung heute noch angemessen ist und menschenliebend gebraucht werden kann. Ist eine Betroffene geistig im christlichen Kontext zu Hause, kann ein die Trauerbegleitung ergänzendes Beichtgespräch bei einer christlichen Seelsorgerin hilfreich sein. Allerdings sollte der Fokus dabei auf der Stärkung der Frau liegen und ihre Seelennot nicht durch überholte Kreuzestheologien zusätzlich verstärkt werden. Für mich aufrüttelnd war in diesem Zusammenhang der verzweifelte Bericht einer jungen Frau, die nach dem Besuch einer Seelsorgerin in einer freikirchlichen Einrichtung zusammenbrach und sich fast das Leben genommen hätte:

Laura: »Ich hatte freikirchliche Freunde und nahm nach dem Abbruch deren Angebot in Anspruch, zur Seelsorgerin ihrer Gemeinde zu gehen. Als ich dort von meinen Schuldgefühlen erzählte, sagte die Seelsorgerin, an meiner Abtreibung könne man sehen, wozu der Mensch fähig ist. Aber meine Blutschuld werde von Jesus getilgt. Der Herr sei für mich ans Kreuz gegangen. Sein Blut wasche mich rein.

Ich hatte in dieser Zeit viele Albträume von Blut, das nicht mehr aufhören wollte zu fließen. Mein Abbruch war erst wenige Wochen her, und ich fühlte mich völlig traumatisiert, obwohl ich vorher gedacht hatte, es sei besser so, weil ich noch sehr jung und in der Ausbildung war. Nach dem Seelsorgegespräch fühlte ich mich zusätzlich schuldig daran, dass Jesus sterben musste. Ich bin schier durchgedreht und wollte nicht mehr leben. Zum Glück hat mir eine Freundin nach der Rückkehr von meinen persönlichen Einkehrtagen angesehen, dass es mir nicht gut ging. Sie verständigte meine Eltern und meine Ärztin, die sich dann darum kümmerten, dass ich schnell in eine Klinik kam. Dort fing ich im Gespräch mit einer Therapeutin an, das Erlebte so für mich zu sortieren, dass ich weiterleben konnte.«

Übermächtige Schuldgefühle sind mitunter nicht nur eine Folge der gegen das eigene Wertesystem getroffenen Entscheidung für einen Schwangerschaftsabbruch, sondern zugleich ein Symptom einer mittleren bis schweren Depression. In diesem Fall sollten Begleiterinnen immer zu zusätzlicher ärztlicher und psychotherapeutischer Behandlung raten. Manchmal ist es sogar not-wendig, der Trauerbegleitung eine solche Behandlung zeitlich voranzustellen, da die akute psychische Not Trauernden die Reflexion über ihren Verlust noch zu sehr erschwert und sie erst einmal zur Ruhe kommen müssen, um in eine tiefere Begleitung einzusteigen.

Werden Schuldgefühle in der Begleitung betrachtet, ist es konstruktiv, den Schuldbegriff bald durch den Begriff der Verantwortung zu ersetzen oder zumindest zu erweitern. Die Stärke der Schuldgefühle nach einer Abtreibung hängt mit von der persönlichen Bewertung und also auch dem internalisierten Wertesystem ab.

Wenn Schuldgefühle zu belastend sind, kommt es manchmal auch zu vermehrten Schuldzuweisungen an andere. Dabei projizieren Betroffene Schuld nach außen. Schuld sind dann zum Beispiel andere Familienmitglieder, die der Schwangerschaft ablehnend gegenüberstanden, oder die Beratungsstelle, die nicht zum Austragen des Kindes ermutigte, oder gleich die ganze Gesellschaft, die nicht kinderfreundlich genug ist und in ihrer Gesetzeslage Abtreibung als gut gangbaren Weg vermittelt. Derlei Schuldzuweisungen an andere sind zutiefst menschlich und insofern nicht ganz unangemessen, als die Entscheidung in einem Schwangerschaftskonflikt in der Regel vom Umfeld der Frau mitbestimmt wird. Zugleich zementieren Schuldzuweisungen an andere die Opferrolle, die Betroffene in einem Gefühl der Ohnmacht nahezu handlungsunfähig macht.

Hinter dem Denken in Schuldzuweisungen, sich selbst und anderen gegenüber, steht oft der hilflose Versuch, sich schwer begreifliche Ereignisse erklärbar zu machen und sie einzuordnen. Schuldgefühle und Schuldzuweisungen binden Trauernde an das Verlusterlebnis und machen sie ohnmächtig-passiv. Beginnen Betroffene hingegen, Verantwortung für die getroffene Entscheidung zu übernehmen, stellen sie sich derselben und ihren Auswirkungen aktiv. Auch deshalb ist das Übernehmen von Verantwortung in meinen Augen die einzig konstruktive Antwort auf quälende Schuldgefühle. Es macht wieder handlungsfähig und bedeutet auch, dem als schuldhaft bewerteten Geschehen mit dem eigenen Leben eine Antwort zu geben. Die quälende »Warum?«-Frage kann sich so in die konstruktive Frage nach einem »Wozu?« wandeln.

Wer Verantwortung für sich und seine Entscheidungen übernimmt, beginnt, wieder zu sich selbst zu stehen. Es ist nicht möglich, zu sich zu stehen, ohne aufzustehen. Dieses Aufstehen aus den niederschmetternden Schuldgefühlen ist mit einer aktiven Suche nach Antworten auf das Erlebte verbunden und bildet eine wichtige Voraussetzung dafür, einen Weg aus dem Tal der erschwerten Trauer zurück ins Leben zu finden. Ein solches Aufstehen gleicht deshalb einer Auferstehung im besten Sinne des Wortes.

Gleichzeitig kann es dabei entlastend sein, sich bewusst zu machen, dass tatsächlich nie jemand allein verantwortlich für einen Schwangerschaftsabbruch ist, sondern dass diese Entscheidung in einem bestimmten Kontext und in einem Beziehungsnetz getroffen wird, das eine gewisse Mitverantwortung trägt.

Interessant in diesem Zusammenhang ist auch die Überlegung, inwiefern sich die Veränderung der Gesetzgebung und der gesellschaftlichen Normen in den letzten Jahrzehnten auf Schuldgefühle nach einem Schwangerschaftsabbruch ausgewirkt haben mag. Führt die derzeit wieder vermehrt diskutierte und erstaunlicherweise auch von einem Positionspapier der Evangelischen Kirche Deutschland im Herbst 2023 befürwortete Legalisierung von Abtreibungen bis weit über die zwölfte Schwangerschaftswoche hinaus zu weniger Schuldgefühlen?

Oder führt sie unter Umständen auch dazu, dass Betroffene sich diese genauso wie die Trauer schlichtweg noch weniger erlauben als in einer Zeit, als Abtreibung verboten war oder zumindest, ihrer Vielschichtigkeit angemessen, in einem kontrovers geführten Diskurs kritisch betrachtet wurde?

Auch unabhängig von den jüngsten Entwicklungen frage ich mich als Trauerbegleiterin: Wie ist in der Begegnung mit trauernden Betroffenen damit umzugehen, dass Abtreibung in der Frage ihrer Schuldhaftigkeit ganz unterschiedlich bewertet wird? Grundsätzlich rate ich von Verallgemeinerungen in der Trauerbegleitung ab. Entscheidend ist meines Erachtens das individuelle Erleben der Betroffenen. Diesem in wertfreier Achtsamkeit stärkend zu begegnen, bildet eine der Hauptaufgaben als Begleiterin. Ein für alle Betroffene stimmiges und allgemeingültiges Rezept gibt es dabei nicht, wohl aber einige grund-legende Säulen der Heilung, die in der Begleitung hilfreich sein können.

Grund-legende Säulen der Heilung in der Trauer nach einem Schwangerschaftsabbruch

»Trauer ist die Lösung, nicht das Problem.«
(Chris Paul)

Trauer nach einem Schwangerschaftsabbruch betrifft, besonders bei der Mutter des Ungeborenen, den ganzen Menschen. Deshalb kann sie nur heilen, wenn alle Ebenen des Menschen berührt werden, also Körper, Geist und Seele. Da diese spezielle Trauersituation sich zudem auf das soziale Netz der Trauernden auswirkt, beinhaltet ihre Beleuchtung auch die Klärung von Beziehungen. Jeder Trauerprozess ist ebenso wie die ihn auslösende Erfahrung zutiefst individuell.

Der erste Schritt zur Heilung ist bereits das Zulassen der Trauer. Wer sich erlaubt, nach einer Abtreibung zu trauern, hat sich schon auf den Weg gemacht, sich dem Geschehenen in einer auch das Ungeborene würdigenden Weise so zu stellen, dass sich durch die Trauer hindurch ein Weg der Verwandlung zurück ins Leben auftut.

Die Trauer braucht dabei ihre Zeit. Welche Schritte wann gegangen werden können, um ihr Tal zu durchschreiten, hängt von vielem ab. Dabei spielen Prägungen und Vorerfahrungen der Trauernden im Umgang mit Verlusten ebenso eine Rolle wie der Zeitpunkt der aufbrechenden Trauer. Tritt die Trauer zeitverzögert auf, eventuell ausgelöst durch Trigger im späteren Leben, braucht es andere Schritte als bei einer Begleitung direkt nach dem Abbruch.

Die Heilung hängt mit davon ab, wie unterstützend oder auch zusätzlich belastend das Umfeld von der Trauernden erlebt wird, sofern es überhaupt Familienmitglieder oder Freunde gibt, die um die Abtreibung wissen. Segensreich ist es, wenn der Weg durch die Trauer persönliche Ressourcen der Betroffenen (Begabungen, Stärken, Spiritualität) als Kraftquellen in den Blick nimmt. Das Anknüpfen an eigenen Ressourcen stärkt das zumeist brüchig gewordene Selbst-Vertrauen der Trauernden und hilft ihnen, Formen kreativen Umgangs mit dem Schmerz zu finden, die ihnen persönlich entsprechen. Eine ressourcenorientierte Begleitung führt Trauernde aus der Passivität des Leidens heraus in einen selbstwirksamen und aktiven Umgang mit dem Schmerz und verhilft ihnen letztlich so auch zu dem im Heilungsprozess bedeutsamen Übernehmen von Verantwortung.

So einzigartig jeder Mensch ist, so einzigartig ist sein Umgang mit Krisen und Verlusterfahrungen. Deshalb gibt es kein Patentrezept für eine gelingende Begleitung von Trauernden nach einem Schwangerschaftsabbruch, wohl aber die in meinen Augen unverzichtbare Prämisse, als Trauerbegleiterin den Betroffenen in ihrer trotz der erlebten Brüche im Letzten unzerstörten Ganzheit und Individualität wertschätzend zu begegnen und ihnen einen Frei-Raum anzubieten, ihrer Trauer dem eigenen Wesen entsprechend auf den Grund zu gehen.

Im Folgenden skizziere ich einige Aspekte, die der Heilung dabei dienlich sein können. Diese Aspekte lassen sich den verschiedenen Ebenen des Menschseins zuordnen (Körper, Geist, Seele, soziale Bindungen, Spiritualität). Da diese ebenso miteinander verknüpft sind wie die vielfältigen Beziehungen, in denen ein Mensch steht, ist es schwierig, sie in eine verbindliche Reihenfolge zu bringen. Im Grunde genommen bildet der Mensch eine Einheit aus Körper, Geist und Seele. Dabei steht er immer in einem sozialen Beziehungsgeflecht. Aufgrund der Tatsache, dass sich die verschiedenen Ebenen aufeinander auswirken, ist es allerdings gar nicht entscheidend oder notwendig, ihre Berücksichtigung bei der Trauerbegleitung in eine feste Reihenfolge zu bringen. Zuweilen geht die Auseinandersetzung mit einer Beziehung dem Aufbrechen der Gefühle im Trauerprozess voraus; das kognitive Verstehen kann zu Mitgefühl mit sich selbst führen; verdrängte Gefühle und seelische Belastungen lösen nicht selten körperliche Beschwerden aus. Umgekehrt kann ein guter Umgang mit dem eigenen Körper (Stichwort: Schlafhygiene) den Geist zur Ruhe, die körperliche Bewegung blockierte Gefühle ins Fließen bringen usw.

Wie bunte Steinchen in einem Kaleidoskop wirbeln in der Trauer die verschiedenen Aspekte des Menschseins auf unterschiedlichen Ebenen durcheinander. Das ist an sich schon ein Stück Heilung, da es Trauernde in Bewegung versetzt und so aus der Erstarrung in die Verwandlung bringt. Gleichzeitig brauchen Trauernde nach einer Abtreibung viel Geduld und einen langen Atem, um die eigenen Einzelteile wieder zusammenzusetzen, besonders wenn sie die Entscheidung für einen Schwangerschaftsabbruch gegen das eigene Gefühl und ihr persönliches Wertesystem gefällt haben und das Erlebte so schwer in ihr Selbstbild integrieren können.

Kognitive Ebene: Wege von der Verurteilung hin zum Verständnis ebnen

Trauerbegleitung nach Schwangerschaftsabbruch auf der kognitiven Ebene knüpft an der kognitiven Dissonanz an, die entsteht, wenn ein Mensch Entscheidungen entgegen seiner Grundhaltung getroffen hat. Dabei steht die Trauer um die eigene Integrität im Fokus. Die Hinter-Gründe ihrer Entscheidung zu beleuchten, unterstützt Betroffene, sich selbst wieder verstehen zu lernen und Verständnis für sich zu entwickeln.

Verständnis ist dabei viel mehr als ein rationales Verstehen der Gründe, die zu einer Abtreibung geführt haben. Während das Verstehen im Kopf geschieht, reicht das Verständnis tiefer und wächst im Herzen. Auch Frauen, die ihren Abbruch als in einer für sie sehr schweren Situation als »vernünftige Entscheidung« betrachten, leiden oft und verurteilen sich selbst. Herz und Kopf sind für sie schwer wieder in Einklang zu bringen, besonders wenn sie entgegen ihren Werten handelten oder äußere Umstände keine Alternative mehr erkennen ließen. Die entstandene kognitive Dissonanz ist schwer aufzulösen. Manchmal muss auch nicht Aufzulösendes ausgehalten und angenommen werden.

Die Beschäftigung mit den Hinter-Gründen der getroffenen Entscheidung beinhaltet Schattenarbeit in dem Sinn, dass auch ungeliebte und bisher nicht integrierte Anteile der eigenen Person angesehen werden dürfen. Es braucht viel Kraft und Ehrlichkeit sich selbst gegenüber, wenn einander widersprechende Regungen und Persönlichkeitsanteile dabei nebeneinanderstehend ausgehalten werden müssen. Christina (s. S. 22 ff.) erzählt:

»Ich hatte mir immer Kinder gewünscht. Und gleichzeitig war mir in der schwierigen Situation meiner einzigen Schwangerschaft meine Unabhängigkeit so wichtig, dass ich durchaus vorhandene Hilfsangebote nicht an mich heranließ, da ich durch sie meine Autonomie gefährdet sah. Paradoxerweise und obwohl mir meine Autonomie so wichtig war, begriff ich zu spät, dass ich mich emotional von meinem damaligen Partner derart abhängig gemacht hatte, dass es für mich nicht möglich war, eine von ihm unabhängige Entscheidung zu treffen. Diese innere Widersprüchlichkeit auszuhalten, ist mir lange Zeit schwergefallen. Ich fühlte mich ganz und gar zerrissen.«

Die Trauer um die eigene Integrität kann mit der Zeit dazu führen, dass ein früherer überhöhter Selbstanspruch, dem die Betroffene gar nicht gewachsen sein konnte, überdacht oder auf ein bescheideneres Level hin verändert wird. Trauer um die eigene Integrität beinhaltet oft den not-wendigen Bruch mit alten Selbstbildern. Dabei ist es wichtig, sich bewusst zu machen: Jeder Mensch ist mehr als seine Entscheidungen. Sein unverbrüchlicher Wert hängt nicht von seinem Tun und Lassen ab, und auch sehr schmerzlich erlebte Brüche können im Letzten dem seelischen Wachstum und einem Reifeprozess dienen.

Zu ergründen, welche Prägungen und Vorerfahrungen mit zu einer Entscheidung gegen das eigene Wertesystem und unter Umständen sogar gegen das eigene Gefühl geführt haben, ebnet den Weg hin zu einer liebevolleren und annehmenden Sicht auf sich selbst und hilft Betroffenen zu begreifen, warum sie in einer bestimmten Situation so und nicht anders handelten.

Nicht selten wird eine Schwangerschaft zur Konfliktsituation, weil auf der Beziehungsebene alte Verletzungen getriggert werden. An Christinas Geschichte wird auch dies deutlich:

»Die Reaktion meines damaligen Partners auf meine Schwangerschaft war in verschiedener Hinsicht fatal für mich und versetzte mich in ein Gefühl der Ohnmacht. In seiner Drohung, sich das Leben zu nehmen, wenn ich das Kind gegen seinen Willen austragen würde, steckte für mich eine gefühlt reale Gefahr, denn in meiner Herkunftsfamilie hatte Suizid eine Rolle gespielt. Auch die Vorstellung, als Alleinerziehende dazustehen, war für mich schwierig, denn ich hatte als Kind selbst unter der häufigen Abwesenheit meines Vaters gelitten.«

Anzuerkennen, dass frühere Verletzungen und ungelöste Konflikte mit zur Entscheidung für einen Schwangerschaftsabbruch beigetragen haben, hilft Betroffenen, sich selbst gegenüber barmherzig zu sein. Im besten Fall wird die akute Krise nach einem Schwangerschaftsabbruch dann auch zum Anlass, noch nicht geheilte oder bisher verdrängte Wunden der Vergangenheit anzusehen. Dabei ist manchmal eine die Trauerbegleitung ergänzende Psychotherapie sinnvoll.

Das Verstehen der Gründe für die eigene Entscheidung über die reine Vernunftebene hinaus bedeutet nicht, dass der erlebte Schwangerschaftsabbruch sich selbst gegenüber gutgeheißen werden muss. Um Frieden mit dem Geschehenen zu machen, ist es allerdings essenziell, die getroffene Entscheidung mit der Zeit anzunehmen und zu ihr zu stehen.

Neben einem zunehmenden kognitiven Verstehen der getroffenen Entscheidung ist es für Trauernde nach einem Schwangerschaftsabbruch heilsam, Mitgefühl und Verständnis für sich selbst und andere in ihren Verstrickungen und Kontexten zu entwickeln. Beide Ebenen wirken sich aufeinander aus.

Es kann ungemein befreiend sein, in Zeiten erschwerter Trauer von außen Verständnis gespiegelt zu bekommen. Auch deshalb sollten das Verurteilen und Werten in der Trauerbegleitung keinen Raum haben. Christina erzählt, wie ihre eigene Sicht sich auch im Kontakt mit einer Freundin, die ihr Verständnis entgegenbrachte, allmählich wandelte:

»Als eine mütterliche Freundin, der ich mich anvertraute, mit mir weinte und mir sagte, dass sie mich verstehe, war das für mich befreiend. Ich fühlte mich gesehen in meiner Traurigkeit und inneren Zerrissenheit, und ich fühlte mich in alledem angenommen. Wer alles wüsste, würde alles verstehen, sagte meine Freundin, die selbst viel erlebt hatte. Ich dachte lange über ihre Worte nach. Ganz verstanden habe ich bis heute nicht, wie es sein konnte, dass ich gegen mein Herz handelte. Vielleicht kann man sich selbst gar nicht hundertprozentig verstehen, da man in sich gefangen ist und mit zu wenig Abstand auf sich blickt. Aber ich dachte, wenn meine Freundin zu mir steht, bin ich vielleicht doch noch ein liebenswerter Mensch, obwohl ich mich gegen mein Kind entschieden habe. Wie wäre es wohl, sich selbst weniger als strenge Richterin zu betrachten und mehr wie eine gute Freundin anzuschauen? Das fragte mich auch mein Psychotherapeut einmal. Ich versuche das zu üben. Aber es dauert. Man ist mit sich selbst so viel unbarmherziger als mit anderen.«

Christina spricht hier auch die Grenzen des eigenen Verständnisses an. Ein Mensch erkennt sich selbst immer nur bruchstückhaft. Das Vertrauen, selbst jedoch von einer höheren Warte aus als Ganzes erkannt zu sein, und die Hoffnung, dass die Bruchstücke eines Lebens am Ende doch ein sinnvolles Bild ergeben werden, ist zutiefst spirituell und befreiend.

Bei der Begleitung auf der kognitiven Ebene empfiehlt es sich, Stoppzeichen und Auszeiten zu vereinbaren, mit denen sich die Betroffene (Grübel-)Pausen gönnt, um aus dem besonders in der frühen Trauerphase quälenden Gedankenkarussell auszusteigen. Die kognitive Ebene arbeitet mit Bewertungen des Vergangenen. Eine achtsame Begleitung ermutigt, weg vom Be-Werten zu gehen, das den Schmerz verstärkt, wenn es verurteilend ist. Welche Gedanken sich jemand über die Geschehnisse seines Lebens macht, wirkt sich auf seine Gefühle aus.

Wer sich aus der Gegenwart heraus, in der ein zurückliegender Schwangerschaftskonflikt nicht mehr aktuell ist, für eine in der Vergangenheit gefällte Entscheidung verurteilt, wird sich dabei selbst nicht gerecht. Denn die einst so schwierigen Bedingungen sind nun nicht mehr wirksam. Auch wenn sie in ihren Folgen schmerzlich ist: Die Entscheidung ist längst gefallen. Wie sehr sich eine Frau auch wünschen mag, sie könnte die Zeit zurückdrehen, um eine andere Entscheidung zu treffen, so unwiderruflich ist die Entscheidungssituation vorüber. Zudem verklärt sich in der Trauer manchmal der Blick. Trauernde idealisieren nicht selten Verstorbene und blenden belastende Erinnerungen an sie aus.

Für die Trauer nach einer Abtreibung heißt das: Die der Entscheidung vorangegangenen Schwierigkeiten geraten ebenso aus dem Blickfeld wie die Erinnerung an die Belastungen, die sich in der Perspektive, das nun betrauerte Kind auf die Welt zu bringen, abgezeichnet hatten. Erinnert sich die Betroffene bewusst daran, dass sie sich die nun von ihr verurteilte Entscheidung nicht leicht machte, kann dies bei ihr zu einer barmherzigen Sicht auf sich selbst beitragen. Die Entwicklung von Verständnis für sich selbst ist ein wichtiger Baustein, um in die (über-)lebensnotwendige (Selbst-)Vergebung zu kommen, um Verantwortung für die eigene Entscheidung zu übernehmen und verwandelt zurück bzw. wieder voran ins Leben zu gehen.

Zwischengedanken zum Vergeben und Loslassen

Vergebung öffnet den Weg in die Zukunft. Vergebung braucht Zeit. Und ohne Vergebung gibt es keinen Frieden.

Die Vergebung ist auf der Beziehungsebene verortet und betrifft sowohl die Beziehung eines Menschen zu sich selbst als auch seine Beziehung zu anderen. Sofern eine Abtreibung von der Trauernden als schuldhafte Entscheidung bewertet wird, braucht die Mutter selbst die Zusage von Vergebung. Viele Betroffene belastet darüber hinaus die Frage, ob ihr ungeborenes Kind ihnen vergeben kann. Weiterhin ist es eine Herausforderung für sie, selbst anderen zu vergeben, die mit zu ihrer Entscheidung beitrugen, indem sie zum Beispiel Unterstützung für das Aufziehen des Kindes verweigerten oder schlicht nicht unterstützend sein konnten.

Das Schwierigste bleibt für die meisten Betroffenen, sich selbst zu vergeben. Dabei ist die Selbstvergebung unverzichtbar, um gut weiterleben zu können. Vergebung macht nichts ungeschehen. Sie verhilft Trauernden jedoch dazu, sich nicht mehr von vergangenen Geschehnissen und unwiderruflichen Entscheidungen beherrschen zu lassen.

Es erleichtert die (Selbst-)Vergebung, wenn sie an die Erfahrung geknüpft ist, dass nichts vergebens war. Das Erlebte hat mit all seiner Schwere die Kraft, Betroffene zu verändern, und zwar im besten Fall hin zu einem bewussteren Leben. Zwar gibt es keinen Weg zurück. Wer sich der Vergebung öffnet, dem wächst jedoch unter den Füßen ein Weg voran. In allen genannten Aspekten beinhaltet die Vergebung ein Loslassen – ein im Umgang mit Trauer oft gleichwohl inflationär und oberflächlich gebrauchter Begriff. Es gibt kein Loslassen in dem Sinn, dass das Verlorene ganz verwunden werden könnte. Was sie verloren haben, bleibt ein Teil der Trauernden. Auch die schmerzliche Verlusterfahrung selbst lässt sich nicht durch Loslassen aus der Welt schaffen. Das wäre auch dem Verlorenen gegenüber unwürdig. Was eine Trauernde verloren hat, ob mit oder ohne eigenes Zutun, darf in ihrem Herzen seinen Platz finden und so in gewisser Weise bleiben.

Entscheidender als das Loslassen ist im Trauerprozess meiner Überzeugung nach das Zulassen. Dieses Zulassen geschieht auf der Ebene der Gefühle. Deshalb ist die in der erschwerten Trauersituationen nach einem Schwangerschaftsabbruch so wichtige Vergebung neben der Entwicklung von Verständnis auf der kognitiven an die Schmerzarbeit auf der emotionalen Ebene geknüpft.

Emotionale Ebene: Aus der Verdrängung ins Zulassen gehen und (Selbst-)Mitgefühl entwickeln

Während die kognitive Beleuchtung der Trauer nach einem Schwangerschaftsabbruch vorwiegend auf der verbalen Ebene und auf die Vergangenheit konzentriert geschieht, lebt die Beschäftigung auf der emotionalen Ebene davon, Trauernde dabei zu unterstützen, nonverbale Ausdrucksmöglichkeiten für ihre Gefühle zu finden und in die Gegenwart zu kommen. Alle Gefühle dürfen da sein. Auch nach einem Schwangerschaftsabbruch. Was bewusst wird, kann leichter heilen.

Dabei ist es manchmal unumgänglich, auch widersprüchliche Gefühle auszuhalten und ungeliebte innere Anteile zu integrieren. Nicht selten verhindern starke Schuldgefühle das Aufbrechen von Trauer. Oft öffnet sich die Seele erst nach der Entwicklung von Verständnis für die eigene Entscheidung für die Wahrnehmung anderer, zuvor abgespaltener Gefühle. In der Phase der aufbrechenden Gefühle kann Unterschiedliches gleichzeitig aufkommen: Traurigkeit, Scham, Wut, Enttäuschung, Ohnmacht, Erleichterung, Verzweiflung, Angst vor der Zukunft und anderes. Alle diese Gefühle zuzulassen ist wichtig, um das Erlebte zu integrieren. Bleiben sie in der Verdrängung, so können sich Gefühle in körperlichen Beschwerden manifestieren, die mitunter Tendenzen zur Selbstbestrafung beinhalten. Auch deshalb rufen sie nach einem bewussten Ausdruck. Am besten gelingt dieser Ausdruck, wenn er an persönlichen Ressourcen und Begabungen der Betroffenen anknüpft.

Da der Körper die Gefühle widerspiegelt, geschieht die emotionale Integration der Verlusterfahrung auch über die körperliche Ebene. Gleichzeitig wirkt sich die physische Verfassung auf die emotionale Ebene aus, indem zum Beispiel in Krisensituationen häufig auftretende Schlafstörungen zu großer Erschöpfung führen und Depressionen mitauslösen oder verstärken können. Die heilsame Auseinandersetzung mit den aufbrechenden Gefühlen hängt zudem untrennbar mit der Beziehungsebene zusammen. So kann beispielsweise Wut auf sich selbst oder auf andere, die im Schwangerschaftskonflikt als zu wenig unterstützend erlebt wurden, aufkommen. Auch die hiermit verknüpften Verletzungen auf der Beziehungsebene brauchen Ausdrucksmöglichkeiten, um zu heilen. Christina erzählt:

»Als sich mein Schwangerschaftsabbruch zum ersten Mal jährte, brach in mir ein Gefühlschaos aus. Die Monate vorher hatte ich mich wie unter einer Glasglocke gefühlt. Plötzlich war ich innerlich wieder sehr lebendig, allerdings auf eine belastende Art. Traurigkeit und Wut wechselten sich ab. Traurigkeit über den Verlust meines Kindes, Wut auch auf alle, die mich nicht so unterstützt hatten, wie ich es gebraucht hätte. Manchmal wurde ich dabei ungerecht. Ich zerdepperte viel Porzellan, indem ich langjährige Freundschaften abbrach, weil ich mich in ihnen nicht verstanden oder in meiner Trauer nicht angenommen fühlte. Außerdem schrieb ich einen sehr emotionalen Brief an die Beraterin, die mir vermittelt hatte, dass eine Abtreibung ein gut gangbarer Weg sei. Dass dieser Brief beantwortet wurde, hat mir gutgetan, auch wenn der Inhalt der Antwort bitter für mich war: Angeblich sei ich in meiner damaligen depressiven Verfassung gar nicht entscheidungsfähig gewesen. Außerdem fing ich in dieser Phase wieder an zu musizieren und habe mich dabei auf meinem Cello stundenlang Stücken mit Wut- und Trauerklängen hingegeben. Es gab dann noch einen unschönen E-Mail-Kontakt mit dem Vater meines Kindes, in dem sich gegenseitige Vorwürfe entluden und den ich schließlich wieder abbrach. Ich richtete meinem Kind ein Gedenkplätzchen in meiner Wohnung ein. Denn ich hatte kein kleines Grab und brauchte einen Ort für meine Trauer, den ich pflegen und an dem ich weinen konnte. Alles, womit ich meine Gefühle nach außen brachte, hat mir gutgetan. Aber es war eine anstrengende Zeit für mich, als das alles in mir aufbrach.«

Die persönliche Auseinandersetzung mit erschwerter Trauer auf der emotionalen Ebene lebt unter anderem davon, aus der Passivität heraus in die Aktion zu kommen: Indem Trauernde ihren Gefühlen Ausdruck verleihen, verlassen sie die Opferrolle und das lähmende Gefühl der Ohnmacht, das in der ersten Phase der Trauer oft vorherrscht. Sie werden wieder zu Gestaltern ihres Lebens und gehen in die Selbstwirksamkeit. Dies ist die Voraussetzung dafür, Verantwortung für sich zu übernehmen und Perspektiven zum Weiterleben nach dem Verlust zu entwickeln.

In der Phase der aufbrechenden Gefühle können Trauernde beginnen, aus den Bruchstücken, die nach dem Zusammenbruch geblieben sind, Neues zu bauen. Im Sinne der Selbstfürsorge bedarf es dabei neben Mut und Kreativität einer Stärkung auf der körperlichen Ebene.

Dem Körper Gutes tun, damit die Seele zur Ruhe kommt

Jede Trauersituation führt zu Stressreaktionen, die sich auch im Körper abbilden. Schlaf- und Essstörungen oder die Entwicklung psychosomatischer Krankheitsbilder können durch Trauer begünstigt werden und fungieren nicht selten unter anderem als Ausdruck von Selbstbestrafungstendenzen. Für Situationen erschwerter Trauer gilt das in besonderer Weise, da den Trauernden hier oft jegliche tragende soziale Anteilnahme und Unterstützung fehlt. Da sich ein Schwangerschaftsabbruch in ihrem eigenen Körper ereignet, ist die körperliche Ebene in der Trauer nach einer Abtreibung bei der Mutter des Ungeborenen besonders in Mitleidenschaft gezogen. Viele Frauen haben nach einem Abbruch auch auf der physischen Ebene Schwierigkeiten. Daniela (s. S. 27 f.) berichtet:

»Obwohl ich mich selbst für den Abbruch entschieden hatte, fühlte ich mich danach tief verwundet und kam lange nicht mehr in meine seelische und körperliche Kraft. Ich kämpfte mit Albträumen. Es fühlte sich falsch an, dass in mir ein Leben beendet worden war, dort, wo eigentlich ein Schutzraum für mein Ungeborenes hätte sein müssen. Besonders an den Tagen vor meiner Periode hatte ich das Gefühl, dass immer wieder etwas in mir zerreißen würde. Manchmal ekelte ich mich vor mir selbst. Ich konnte keine Freude mehr an meinem Körper und an Sexualität empfinden.«

Das Leiden auf der körperlichen Ebene führt zuweilen zu selbstschädigenden Kompensationsversuchen und Suchtverhalten. Sonja (s. S. 24 ff.) erzählt:

»Es hat Jahre gedauert, bis ich mich mit meiner Abtreibung auseinandersetzte. Ich hatte alles verdrängt und versucht, meine Gefühle auch über den Körper unter Kontrolle zu halten. Meine Sportexzesse und Essstörungen waren für mich Versuche, das Erlebte zu kompensieren, so sehe ich das heute. Im Grunde habe ich mir mit diesen Versuchen jedoch selbst noch mehr geschadet. Ich hasste meinen Körper und wollte ihn durch das Abnehmen und Trainieren entweiblichen. Denn als Frau und Mutter hatte ich meinem Empfinden nach völlig versagt.«

Es dauert zuweilen lange, bis eine Frau sich nach einem Schwangerschaftsabbruch wieder mit ihrem Körper aussöhnt. Auch die rasante Hormonumstellung direkt nach dem Abbruch ist für viele Betroffene eine Herausforderung: Ähnlich wie nach einer Geburt stürzen die Schwangerschaftshormone nach dem Eingriff schnell ab. Die hormonelle Ebene kann so mit dazu beitragen, dass eine Frau in ein seelisches Tief fällt, vergleichbar mit einer postnatalen Depression. Dies ist besonders belastend für Frauen, die sich mit ihrer Entscheidung nicht im Einklang fühlen und den Abbruch unter Druck von außen vornehmen ließen. Viele Frauen berichten, dass die eigene Weiblichkeit danach von ihnen selbst infrage gestellt oder sogar abgelehnt wurde. Es kommt zu Selbstwertproblemen und mitunter selbstschädigenden Bestrafungstendenzen, insbesondere, wenn das eigene Weiblichkeitskonzept an gelebte oder gar idealisierte Mutterschaft gekoppelt ist. Daniela berichtet:

»Ich konnte mich lange Zeit nicht mehr im Spiegel erkennen und machte mir unendlich Vorwürfe: Was war ich nur für ein Monster, dass ich mein Kind in meinem Körper hatte töten lassen, ausgerechnet ich, die ich immer eine gute Mutter hatte sein wollen und beruflich für Kinder anderer Frauen da war.«

Körper, Geist und Seele sind untrennbar miteinander verknüpft: Die kognitive Verurteilung nährt die Ablehnung des eigenen Körpers und verstärkt die schwer auszuhaltenden Gefühle von Scham und Verzweiflung über sich selbst. Das wiederum wirkt sich auf Beziehungen zu anderen aus, und zwar nicht nur sexuell, sondern ganzheitlich. Denn wer mit sich selbst im Unfrieden lebt, tut sich meistens schwer damit, vertrauensvolle Beziehungen mit anderen Menschen zu gestalten. Paradoxerweise ist es für die Heilung auf der körperlichen Ebene in einer solchen (Selbst-)Krise besonders wichtig, in die Selbstliebe und Selbstfürsorge zu gehen. Gerade in einer Zeit der Selbstablehnung bedarf der Körper der liebevollen Zuwendung, damit die Seele wieder zur Ruhe kommen kann. Das Durchbrechen der selbstschädigenden Destruktivität braucht darüber hinaus oft auch eine stärkende Begleitung von außen.

Häufig geht es zunächst darum, die basalen Vitalfunktionen wie Schlafen und Essen wieder in eine Regelmäßigkeit zu bringen. Auch die nach ärztlicher Absprache erfolgende vorübergehende Einnahme von schlaffördernden Psychopharmaka kann dazu beitragen, die Voraussetzung dafür zu schaffen, dass eine bewusste Beleuchtung des Erlebten überhaupt möglich wird.

Dies ist allerdings nur einer von mehreren Bausteinen, der um andere ergänzt werden muss, damit ganzheitliche Heilung möglich wird. Entspannungstechniken, Meditation, Bewegung und eventuell auch eine Psychotherapie tragen zusätzlich dazu bei, dass Betroffene zu einem guten Körpergefühl mit gesunder Schlafhygiene zurückfinden und so wieder in ihre Kraft kommen.

Heilung als Beziehungsgeschehen

Trauer nach einem Schwangerschaftsabbruch stellt die Beziehungen der Betroffenen auf den Prüfstand. Deshalb ist auch ihre Heilung nicht zuletzt ein Beziehungsgeschehen. Für die Trauerbegleitung bedeutet dies, dass die Beziehung zwischen Begleiterin und Trauernder achtsam und wertschätzend gestaltet werden sollte. Die Begleitung kann so eine gelingende Beziehungserfahrung ermöglichen, die Betroffene ermutigt, die Beziehungsbrüche im Zusammenhang mit dem Erlebten liebevoll zu betrachten und aus den erlittenen Brüchen Brücken zu bauen.

Gleichzeitig kommt es in der Begleitung manchmal zu Übertragungen: Gefühle, die ursprünglich anderen Menschen gelten, werden von einer Trauernden auf die Trauerbegleiterin umgelenkt, und ungelöste Konflikte etwa mit der eigenen Mutter können ans Licht drängen, indem Betroffene Vorerfahrungen auf die Begleiterin projizieren. Die Begleitsituation bietet dann die Chance, Verletzungen stellvertretend ins Bewusstsein zu rufen, einen Umgang mit ihnen zu finden und sie zu heilen.

In Konflikten mit anderen spiegeln sich in der Regel innere Konfliktfelder und Ambivalenzen wider. Beispielsweise kann die Erfahrung, aus Rücksichtnahme auf andere Menschen eigene Bedürfnisse zu sehr zurückgestellt zu haben, einer Frau bewusst machen, dass sie in der Vergangenheit zu wenig für sich eingestanden ist. Das eigene Beziehungsverhalten resultiert immer auch aus früh(er)en Prägungen und Vorerfahrungen. Seine Gründe zu erkennen, verhilft dazu, alte Muster zu überwinden,

den persönlichen Handlungsspielraum zu erweitern und in eine innere Freiheit zu gelangen, die andere Erfahrungen ermöglicht.

Die Heilung der Beziehungen zu anderen ist untrennbar gekoppelt an die Heilung der Beziehung zu sich selbst. Diese erleidet im Kontext eines Schwangerschaftsabbruchs häufig den größten Schaden. Ihre Heilung bedarf der Entwicklung von Verständnis und Selbstmitgefühl, geschieht über die kognitive und emotionale Ebene und ist dabei eng verquickt mit der Notwendigkeit, die entstandene kognitive Dissonanz aufzulösen oder zu akzeptieren. Wer mit sich selbst in Unfrieden ist, dem ist es schwer möglich, erfüllende Beziehungen zu anderen zu erleben. Umgekehrt wirken sich die Begegnungen und Beziehungen im Außen auf die Beziehung zu sich selbst aus.

Hadern Betroffene im Nachhinein mit der Entscheidung für einen Schwangerschaftsabbruch, geschieht es mitunter, dass sie ihre Schuldgefühle umlenken in Schuldzuweisungen an andere. Die Besinnung auf sich selbst und den Kontext des Schwangerschaftsabbruchs ist wichtig, um sich dem Frieden wieder anzunähern. Dabei geht es auch darum, sich selbst so anzunehmen, wie man in der Entscheidungssituation gewesen ist.

Mitunter muss ein altes, unter Umständen überhöhtes Selbstbild überprüft und erweitert werden. Das Ziel ist dabei die bedingungslose Akzeptanz der eigenen Person in all ihrer Komplexität und die sich selbst vergebende Selbstliebe, der das Zulassen aller Gefühle vorausgeht: Nur was zugelassen wird, kann geheilt und integriert werden.

Die Beziehung zu sich selbst ist bei Trauernden nach einer Abtreibung außerdem entscheidend an die Beziehung zu ihrem ungeborenen Kind geknüpft, denn sie sind mit diesem Kind in gewisser Hinsicht auch nach dem Abbruch untrennbar verbunden. Diese unzerstörbare Verbundenheit kann nicht nur als schmerzlich, sondern gerade wegen ihrer Unauflöslichkeit zugleich als tröstlich erlebt werden.

Sehr anrührend und zur heilsamen Beziehungspflege mit dem ungeborenen Kind ermutigend sind folgende Worte von Anselm Grün:

»Es geht nicht darum, das Kind loszulassen,
welche Mutter, welcher Vater könnte sein geliebtes Kind loslassen?
Es geht darum, herauszufinden, was die Botschaft dieses Kindes für dich war,
wie hat es dich verändert,
wie viel Liebe ist in dir gewachsen,
was hat also dein Kind aus dir herausgeliebt?
Wie viel neue Liebe ist in dir gewachsen?
Dein Suchen wird dir helfen,
die Spur deines Kindes in dich aufzunehmen und weiterzutragen.«
(Anselm Grün in: Paxino, 2018, S. 123)

Stirbt ein Kind vor oder während der Geburt, löst das eine tiefe Erschütterung in der Mutter aus. Es ist, als wäre ein Teil von ihr selbst gestorben. Das gilt auch für die mit Trauer verbundene Situation nach einem Schwangerschaftsabbruch. Christina erzählt:

»In mir war nach dem Abbruch ein riesiges Loch, als wäre ein Stück von mir selbst zerrissen worden. Ich hörte die Vögel singen und sah die Blumen wachsen, denn es war Frühling, als ich mein Kind wegschickte, und ich sah alles wie durch einen Nebel. Es war mir unbegreiflich, wie die Welt sich weiterdrehen und die Natur erblühen konnte, wo in mir doch alles wie tot war. Die wenigen eingeweihten Menschen in meinem Umfeld rieten mir: Lass es endlich los! Schon nach wenigen Tagen sollte ich es ihrer Meinung nach loslassen. Wie sollte das gehen, wo es doch ein Teil von mir selbst war? Ich wollte es gar nicht loslassen. Erst als ich mithilfe der einfühlsamen Begleitung durch einen sehr weisen Familientherapeuten begriff, dass ich das auch gar nicht musste, ging es mir langsam besser. Für mich begann der Trost, als ich erkannte: Dieses Kind darf ein Teil von mir und Teil meines Lebens bleiben. Und manchmal meinte ich sogar, es schicke mir Grüße zu – über den Regenbogen am Himmel, in einer kleinen Feder, die mir zuflog, oder in einem Schmetterling, der sich mir an einem besonders traurigen Sommertag auf die Hand setzte. Solche Momente gaben mir Kraft, weiterzuleben.«

Mit dem verstorbenen Kind in innerem Kontakt und spiritueller Verbundenheit zu bleiben, schildern viele verwaiste Eltern als Quelle des Trostes. Das gilt auch für Eltern, die nach einer Abtreibung trauern, obwohl der Abbruch von vielen Betroffenen zunächst als Beziehungsbruch empfunden und bewertet wird.

Das Paradoxon zwischen der Entscheidung gegen die Geburt des Kindes und dem Schmerz um seinen Verlust ist schwer aufzulösen und für viele Frauen ein Grund, sich ihre Trauer nicht zu erlauben. Der selbst mitverantwortete Verlust des Kindes erschüttert Betroffene allerdings nicht nur in ihren Grundfesten: Zugleich kann sich ihr gebrochenes Herz im Zulassen der Trauer öffnen und sie so dem Wesentlichen annähern. Sternenkinder berühren die Herzen ihrer Eltern mit einer bedingungslosen Liebe und zeigen, wie untrennbar Leben und Tod zueinander gehören (vgl. Holz, 2021, S. 120 f.). Eine wichtige Traueraufgabe der Eltern ist es, sie nach ihrem kurzen Besuch in Liebe gehen zu lassen, zu würdigen und sie in das eigene Leben zu integrieren, sodass sie dennoch ihren Platz behalten. Das innere Verabschieden hilft bei der psychischen Bearbeitung des Abbruchs.

Auch Iris Paxino betont, dass die liebevolle Kontaktaufnahme zu der ungeborenen Seele für beide Seiten befreiend ist. In einem inneren Dialog kann dem Kind erklärt werden, warum es zu der getroffenen Entscheidung kam und dass diese Entscheidung bedauert wird. Die Zwiesprache lässt sich damit verbinden, das Kind um Verzeihung zu bitten und sogar Dankbarkeit zum Ausdruck zu bringen. Das Gesehenwerden ist für die ungeborene Seele wichtig, und in der Regel zeigt sich dabei rasch, dass das Sternenkind mit seiner Mutter in Liebe verbunden bleibt und Verständnis für ihre Entscheidung hat. Denn in der engen Symbiose beider im Frühstadium der Schwangerschaft hat es alle ihre Gefühlsregungen miterlebt und weiß deshalb, wie schwer die Situation für sie war. Gleichzeitig ist es wichtig, das Kind nach dem inneren Abschiedsdialog nicht durch das Festhalten an Schuldgefühlen und Schmerz von seinem weiteren Seelenweg abzuhalten (vgl. Paxino, 2018, S. 130 f.).

Allerdings machen Betroffene manchmal auch die Erfahrung, dass die Ungeborenen von sich aus immer wieder ihre seelische Nähe suchen, energetisch mit ihnen verbunden bleiben und im besten Fall Reifeprozesse in ihnen auslösen. Möglicherweise kommen manche Seelen gar nicht in der Absicht, geboren zu werden, zu einem Paar, sondern mit einer anderen Aufgabe und Botschaft. Diese Botschaft zu erkennen und ihr zu folgen, gleicht einer geistigen Neugeburt der Mutter oder auch des Vaters. Die Beziehung zu dem ungeborenen Kind zu klären, bedeutet außerdem, die Beziehung zu sich selbst zu hinterfragen, und führt häufig zu einer persönlichen Transformation mit einer vertieften Wertschätzung des stets verletzlichen Lebens. Familienaufstellungen bestätigen, dass ungeborene Kinder ihren Eltern in Liebe verbunden bleiben und ihnen nichts vorwerfen, sich jedoch wünschen, gesehen und gewürdigt zu werden. Fehlt diese Anerkennung und Würdigung, kann es zu Störungen im ganzen Familiensystem, Suchtverhalten oder psychosomatischen Beschwerden kommen (vgl. Schäfer, 2003, S. 159 ff.), zumal das Fehlen einer Würdigung des Ungeborenen oft mit Verdrängung der eigenen Trauer einhergeht. Joachim berichtet:

»Es war für mich befreiend, in der Familienaufstellung zu erleben, dass mein ungeborenes Kind mir nicht gram war, obwohl ich noch immer Schuldgefühle hatte. Es winkte mir zu und sagte, es gehe ihm gut und es freue sich, mich zu sehen und nicht vergessen zu sein. Jetzt solle ich heimgehen und auch seiner Mami, wenn ich sie träfe, sagen, dass alles gut sei. Seit dieser Gegenüberstellung hatte ich keine Migräneattacken mehr. Vorher hatten mich diese extremen Kopfschmerzen seit dem Jahr der Abtreibung regelmäßig lahmgelegt. Jetzt war mein Kopf frei und es war mir, als wäre auch von meinem Herzen eine große Last abgefallen.«

Die innere Zwiesprache und Kontaktpflege mit dem ungeborenen Kind hilft trauernden Müttern und Vätern, sich selbst zu vergeben, und ermöglicht mit der Zeit manchmal sogar die Erfahrung, dass der tragische Verlust die eigene Seele nicht nur verwundet hat, sondern auch zum Lebendigeren und Liebevolleren hin verwandeln kann. Christina fasst das so zusammen:

»Seit mein Kind mich besucht hat, spüre ich mehr Liebe in mir. Auch wenn es seltsam klingen mag und ich bis heute manchmal denke, dass der Preis für alles zu hoch war: Dieses Kind hat mir gezeigt, was bedingungslose Liebe ist. Das hat sich auf mein ganzes Beziehungsverhalten ausgewirkt. Ich habe nach der schlimmen Zeit der Depression langsam wieder ins Leben zurückgefunden und durfte schließlich einem neuen Partner begegnen. Mit ihm gelang es mir, eine gesunde Partnerschaft aufzubauen, wie ich es in meinem chaotischen Beziehungsleben vor dem Schwangerschaftsabbruch nicht gekannt hatte. Auch mein Verhältnis zu anderen Menschen, besonders aber zu Kindern, hat sich verändert. Manchmal meine ich, ich bin selbst durch die Liebe meines Kindes liebevoller geworden. Und bei dem langen und schmerzlichen Ringen darum, Frieden mit meiner Entscheidung zu machen, habe ich irgendwann die Worte in mir gehört: ›Es geht nur, wenn die Liebe größer ist als der Schmerz.‹ Noch heute sage ich mir diese Worte, wenn es mich wieder in der Trauer zurückwirft und sich die Wolken über mir zusammenziehen. Und wenn die Liebe in mir und in der Welt größer geworden ist durch den kurzen Besuch meines Kindes, dann war vielleicht doch nicht alles umsonst.«

Auch Beziehungen zu anderen (geborenen) Menschen können sich durch die heilsame Integration der Beziehung zu dem ungeborenen Kind verändern. Im besten Fall gelingen klärende Gespräche mit weiteren Familienmitgliedern. Gehen Verletzungen zu tief und ist deshalb keine Verständigung möglich, sind manchmal allerdings auch Kontaktabbrüche heilsam, beispielsweise nachdem der Partner die Kindsmutter im Stich gelassen hat. Gleichzeitig lässt sich auch hier Frieden schließen, indem mit der Zeit die Beweggründe des Gegenübers verstanden werden oder sich das Erlebte als dem eigenen Reifeprozess dienend einordnen lässt.

Spannend ist es, Parallelen zwischen Verhaltensmustern des Partners und Angehörigen der Herkunftsfamilie zu beleuchten und aufzulösen. Christina berichtet:

»Dass mein Partner in der Schwangerschaft nicht für mich da war, hat mich getriggert, da mein Vater, den ich immer sehr liebte, in meiner Kindheit beruflich bedingt oft abwesend war. Als ich meinem Vater von der Schwangerschaft erzählte, riet er mir zu einer ›vernünftigen Lösung‹. Wahrscheinlich hätte ich ihn deutlicher um Unterstützung bitten müssen. Meine Angst, es als Alleinerziehende nicht zu schaffen, hat seine Reaktion sicher mitbeeinflusst. Er sorgte sich darum, was das Alleinerziehen mit mir machen würde. Mit meiner Trauer nach dem Abbruch kam er nicht zurecht. Das hat mich gekränkt. Nach einigen Jahren konnten wir noch einmal in Ruhe über alles sprechen. Dabei räumte er ein, damals die Situation falsch eingeschätzt zu haben. Und ich erfuhr von ihm auch, dass er selbst ein Adoptivkind war und sich in seiner Kindheit ungewollt gefühlt hatte. Das hat mich sehr bewegt und half mir, ihn zu verstehen. Unsere Beziehung hat sich danach vertieft und vollkommen entspannt. Wenig später traf ich zum ersten Mal in meinem Leben einen Mann, mit dem ich eine stabile Partnerschaft aufbauen konnte.«

Trauernde sind mit anderen Trauernden meistens zutiefst solidarisch. Deshalb sind neben – im besten Fall heilsamen – Gesprächen in der Familie offene oder geschlossene Trauergruppen für viele Menschen überaus wertvoll. Ein Kennzeichen der erschwerten Trauer nach einer Abtreibung ist das Fehlen solcher Angebote und entsprechender Orte der Begegnung. Vereinzelt vorhandene und im Internet auffindbare Angebote erwähnte ich bereits in einem früheren Kapitel (»Statistisches und Hilfsangebote«, S. 14 ff.). In meinen Augen besteht ein großer Bedarf an weiteren Begleitangeboten für Trauernde auch nach einem nicht medizinisch indizierten Schwangerschaftsabbruch sowie die Notwendigkeit einer Veränderung des öffentlichen Bewusstseins, das Menschen bis heute nach einer (Früh-)Abtreibung zumeist das Recht zu trauern abspricht.

Die Rolle der Spiritualität

»Dann aber werde ich erkennen, wie ich erkannt bin.«
(1. Korinther 13,12)

Der auch in Trauersituationen bedeutsame Begriff »Spiritualität« ist schwer zu fassen, denn »vielmals führen wir diesen Begriff im Munde, aber eindeutig ist er nicht. Vom lateinischen Wortstamm hat er etwas mit spiritus – Geist – zu tun« (Schnegg, 2018, S. 9).

Spiritualität sollte nie zu eng gedacht werden und ist immer auch ein Beziehungsgeschehen. Sie betrifft die Beziehung des Menschen zu sich selbst, seine Beziehung zu anderen und darüber hinaus seinen grundlegenden Bezug zum Großen und Ganzen: »Spiritualität ist die Berührung mit dem Dritten, dem Anderen, mit der Transzendenz, mit dem Göttlichen, mit Gott, mit dem Namenlosen und Ewigen, mit dem Nicht-Anschaubaren, mit dem Übersteigenden« (Schnegg, 2018, S. 17).

Spirituelles Erleben manifestiert sich in sehr unterschiedlichen Formen und bedient sich vieler Zugänge. Nicht nur kirchenferne Menschen machen beispielsweise spirituelle Erfahrungen in der Natur. Sie finden dort zu einem Gewahrsein einer alles umfassenden Einheit im Werden und Vergehen, in der alles Lebendige miteinander verbunden ist. Der Wechsel der Jahreszeiten, Naturphänomene wie der Regenbogen oder die Begegnung mit Schmetterlingen können sie in Trauersituationen tröstlich berühren. Spiritualität geht so über klassische religiöse Deutungsmuster hinaus.

Gemeinsam ist Religiosität und Spiritualität, dass beide die Verbundenheit des einzelnen Menschen mit dem Großen und Ganzen betonen. Die in einer spirituellen Grundhaltung eingenommene Perspektive schaut über das sinnlich Wahrnehmbare und rational Verständliche hinaus und ist getragen von dem Vertrauen auf eine höhere geistige Kraft (»spirit«), die als sinnstiftend erlebt wird. In der inneren Rückbindung an diese Kraft rückt auch das individuelle Erleiden von Trauer in einen Deutungshorizont, der über die eigenen begrenzten Kräfte hinausreicht.

Im Vertrauen auf diesen sinnstiftenden Deutungshorizont müssen die Dissonanzen des eigenen Lebens nicht allein aus den Trauernden selbst heraus aufgelöst werden. Es darf ein Stück weit abgegeben werden, was unbegreiflich und zu schwer zu tragen erscheint. Das Vertrauen, dass auch alles Bruchstückhafte des eigenen Lebens in einem sinnhaften Ganzen aufgehoben ist und letztlich aufgehoben wird, ist tröstlich und vermag Trauernden neuen Lebensmut zu schenken. Spiritualität hat in dieser Ausprägung viel mit Urvertrauen zu tun. Sofern dieses Urvertrauen durch Verlusterfahrungen verletzt wurde, braucht es jedoch Zeit und Geduld, es wieder herzustellen (Schnegg, 2018, S. 37).

Dies ist auch für die Situation der erschwerten Trauer nach einem Schwangerschaftsabbruch bedeutsam. Denn diese Trauersituation ist zumeist an das belastende und ernst zu nehmende Schuldgefühl gekoppelt, das Leben verletzt zu haben und für den betrauerten Verlust selbst verantwortlich zu sein. Bei der Suche nach der Sinnhaftigkeit einer solchen Erfahrung und der Heilung der entstandenen Verwundung ist es hilfreich, danach Ausschau zu halten, wie selbst die Entscheidung zu einem Schwangerschaftsabbruch letztlich dem Leben dienen kann.

Die spirituelle Beleuchtung von Trauer ist dabei stets auf die Zukunft hin ausgerichtet. Es geht ihr nicht nur darum, die Trauernde im erkennenden Einordnen dessen voranzubringen, wie sie in ihrem Kontext mit den erlebten Brüchen geworden ist. Vielmehr fragt sie auch, wer die Trauernde im tiefsten Sinne, in ihrer tiefsten Essenz, über die gemachte Erfahrung hinaus ist und was sie aus dieser unverbrüchlichen Essenz heraus noch werden kann. Spiritualität gesteht jedem Menschen einen Entwicklungsraum zu und legt niemanden auf seine Erfahrungen und Entscheidungen in der Vergangenheit fest. Sie ist eine Triebfeder der persönlichen Transformation und lässt das Vertrauen in Trauernden wachsen, dass aus jedem Verlust neue Lebendigkeit entstehen kann. Denn das Verlorene ist nicht verloren. Vielmehr verwandelt es sich, und es verwandelt die Trauernde selbst. Und so lädt Spiritualität Trauernde ein, darauf zu vertrauen, dass auch die Bruchstücke ihres Lebens am Ende ein ganzes Bild ergeben werden und sie selbst in Liebe erkannt sind. Der Apostel Paulus fasst das in die Worte: »Wir sehen jetzt durch einen Spiegel ein dunkles Bild; dann aber von Angesicht zu Angesicht. Jetzt erkenne ich stückweise, dann aber werde ich erkennen, wie ich erkannt bin« (1. Korinther 13,12).

Religiosität als Ressource und Hürde bei der Trauer nach einem Schwangerschaftsabbruch

Sofern die persönliche Spiritualität einer Betroffenen mit der inneren und äußeren Zugehörigkeit zu einer Religionsgemeinschaft verbunden ist, stellt Religiosität eine wichtige Ressource bei der Heilung des Schmerzes nach einer Abtreibung dar. Die Zusage, unabhängig von einer als schuldhaft empfundenen Entscheidung geliebt und wertvoll zu sein, vermag Betroffene ebenso aufzurichten wie das Vertrauen darauf, dass das ungeborene Kind bei Gott geborgen ist und nach dem Ende des irdischen Lebens eine wieder vereinende Begegnung mit ihm stattfinden wird.

Gleichzeitig ist Religiosität mit einem hohen ethischen Anspruch verknüpft. Das Bild des seiner Natur nach sündhaften und so von Gott getrennten Menschen erschwert Trauer nach einer Abtreibung mitunter zusätzlich, indem es Schuldgefühle verstärkt und Betroffene klein macht. Eine menschenliebende Theologie sieht jedoch in erster Linie auf die unverbrüchliche Würde jedes Menschen und betont die Zusage von Vergebung durch einen liebenden Gott, der dem stets unvollkommenen Menschen im Scheitern nicht fern, sondern besonders nah ist. Dies sollte sich in der seelsorgerlichen Begleitung nach einem Schwangerschaftsabbruch immer abbilden. Bußrituale und eine Kreuzestheologie, die in einer Abtreibung eine Sünde sieht, die nur durch das Leiden und Sterben Jesu Christi getilgt werden kann, können für Trauernde hingegen überaus belastend sein. Darum empfehle ich Betroffenen und Trauerbegleiterinnen, freikirchlich und evangelikal geprägte Hilfsangebote genauestens zu prüfen.

Rituale und Schritte zur Heilung

Rituale helfen Trauernden, einen an sich unbegreiflichen Verlust in Ansätzen zu begreifen und das Verlorene zu würdigen. Da ein Mangel an traditionellen Abschieds- und Trauerritualen für nach einem Schwangerschaftsabbruch Trauernde besteht, sehe ich eine große Not-Wendigkeit, Rituale für diese spezielle Situation zu entwickeln und zu pflegen. Es ist mir bewusst, dass nicht alle von mir vorgeschlagenen Rituale für alle Betroffene gleich stimmig und heilsam sein können. Deshalb möchte ich sie lediglich als Fundgrube und Werkzeugkoffer verstanden wissen, die individuell erweitert und verändert werden mögen.

Trauerrituale haben grundsätzlich zwei Zielrichtungen, nämlich: Annehmen und Loslassen bzw. Integrieren und Anerkennen, dass ein Verlust stattgefunden hat. Losgelassen werden kann nur, was vorher zugelassen wurde. Trost braucht Erinnerung und Gedenken.

Wichtig ist bei der erschwerten Trauer nach einer Abtreibung der liebevolle Kontakt zum ungeborenen Kind. Dieser Gedanke mag für Nichtbetroffene schwer nachvollziehbar sein, denn scheinbar Widersprüchliches steht dabei nebeneinander: Es ist durchaus möglich, ein Kind zu lieben und es nicht geboren zu haben. Dieses auch für die Trauernden selbst schwer auszuhaltende Paradoxon anzuerkennen und zuzulassen, hat bereits etwas Tröstliches. So wie der Tod das Band zwischen sich liebenden Menschen nicht zu trennen vermag, so reißt auch die Beziehung zu dem ungeborenen Kind nach dem Schwangerschaftsabbruch nicht ab und darf gewürdigt und sogar als Bereicherung erlebt werden. Die von mir aufgeführten Rituale dienen deshalb in besonderer Weise auch der Beziehungspflege zu dem ungeborenen Kind. Wird durch sie anerkannt, dass dieses Kind ein Teil des eigenen Lebens bleibt, hilft das, seinen Verlust zu integrieren und dem inneren Frieden wieder nahezukommen. Bert Hellinger rät Trauernden nach einer Abtreibung sogar, ihr ungeborenes Kind für eine gewisse Weile bewusst in ihr Leben miteinzubeziehen und ihm liebevoll die Natur, seine Familie und das Umfeld, in das es gekommen wäre, zu zeigen (vgl. Schäfer, 2003, S. 161).

Dabei unterstützende Rituale sind symbolische Handlungen mit einem geordneten Ablauf, die in einer Verknüpfung von Alltäglichem und Transzendentem helfen, anzunehmen, was war, um ihm einen Weg der Verwandlung zu eröffnen (vgl. Strecker, 2007, S. 23 ff.). Hierbei lässt sich eine Unterscheidung treffen zwischen einmaligen Übergangsritualen und sich wiederholenden Ritualen im Alltag. Während einmalige Übergangsrituale (z. B. ein Abschiedsbrief) einen wichtigen Schritt zur Akzeptanz des Verlusts bilden, unterstützen wiederkehrende ritualisierte Abläufe Trauernde dabei, das Verlorene im weiteren Leben zu integrieren. Die sich zu besonderen Zeiten oder im Alltag wiederholenden Rituale geben Betroffenen Halt und tragen zu ihrer seelischen Stabilisierung bei. Gefühle finden dabei ihren Ausdruck und können sich so verwandeln. Gleichzeitig hilft die Gestaltung von Ritualen Trauernden heraus aus dem Empfinden von Ohnmacht und Erstarrung. Es entsteht das Gefühl, doch noch etwas für die Toten bzw. die ungeborenen Kinder tun zu können.

Bedeutsam für die Beziehungspflege zu dem ungeborenen Kind ist dabei das Ritual der Namensgebung.

Dem Kind einen Namen geben

Jemanden mit seinem Namen kennenzulernen, macht einen Unterschied: Es beginnt eine persönliche Beziehung. Der vorher Namenlose gewinnt an Bedeutung und kann nun direkt angesprochen werden. Damit wird ein Vertrauensverhältnis grundgelegt. Es entsteht zum einen Nähe, zum anderen eine gesunde Distanz, in der das Gegenüber als eigenständiges Wesen wahrgenommen wird und mit ihm bewusst in Kontakt getreten werden kann.

Auch im Bereich der Trauer spielt die Namensnennung eine Rolle: Verstorbene werden in Trauer- und Gedenkfeiern mit der Nennung ihres Namens verabschiedet und gewürdigt. Es gibt kaum einen schlimmeren Fauxpas in einer Traueransprache, als einen falschen Namen zu nennen oder einen Namen falsch auszusprechen. Denn der Name steht für die Einzigartigkeit des Verstorbenen und impliziert, was von seinem Wesen über das Ende des irdischen Lebens hinaus bleibt. Das drückt sich weiterhin im Eingravieren des Namens auf dem Grabstein oder auf einer Gedenktafel aus.

Auch bei Trauer nach einem Schwangerschaftsabbruch ist die Namensgebung von Bedeutung. Durch sie wird anerkannt, dass das ungeborene Kind viel mehr ist als ein Schwangerschaftsgewebe, nämlich ein einzigartiges Menschlein, dessen Würde genau wie die Würde geborener Personen unantastbar bleibt. Aus einem unpersönlichen Es wird ein Du, das als individuelles Wesen respektiert wird. Trauernde treten so in eine bewusste Beziehung zu dem Ungeborenen. Viele Betroffene schildern das als tröstlich. Andere entscheiden sich gegen eine Namensgebung, weil sie befürchten, dadurch den Verlust noch schmerzlicher zu empfinden. In der Trauerbegleitung gilt es auch hier, auf die persönliche Grundeinstellung, Situation und Haltung der Betroffenen einzugehen und nicht zu versuchen, ihnen etwas aufzuzwingen, sondern lediglich Angebote zu machen.

Überwiegend beschreiben Trauernde es nach einer Abtreibung als heilsam, dem Kind einen Namen zu geben. Rituale gewinnen an Kraft, wenn das Kind, etwa in einem Abschiedsbrief, persönlich angesprochen wird. Namen können auch das

Charakteristische des Gegenübers für die Namensgeber greifbar machen. Bei der Namensgebung für ihre ungeborenen Kinder entscheiden sich manche Menschen beispielsweise für Namen wie »Sternchen« oder »Krümel«. Da das Geschlecht bei Frühabtreibungen noch nicht bekannt war, ist es auch möglich, dem Ungeborenen einen Doppelnamen zu geben. Christina erzählt:

»Ich dachte immer, es wäre ein Mädchen, und wollte es Katharina nennen, nach meiner Großmutter. Da ich mir nicht sicher sein konnte, ergänzte ich den Namen später um Samuel. Samuel bedeutet: ›Ich habe ihn von Gott erbeten.‹ Und das war ja das Tragische: Ich hatte mir dieses Kind gewünscht und nie gezweifelt, dass es ein auch von Gott gewünschtes kleines Wesen war. Der Name Katharina Samuel wurde wichtig für mich. Ich konnte so mein Kind mit Namen ansprechen – in einem Brief, in Gedanken und wenn ich ihm eine Kerze anzündete. Und Katharina Samuel ist bis heute mit seinem unverwechselbaren Namen ein Teil meines Lebens geblieben.«

Wer dem ungeborenen Kind einen Namen gegeben hat, kann diesen Namen in allen folgenden Ritualen nennen. Auch dadurch werden diese zu heilsamen Bausteinen, durch die der Verlust ausgedrückt und in das weitere Leben integriert wird.

Ich schildere einige der ausgewählten Rituale in der Ich-Form, da sie überaus persönlich sind und dadurch anschaulicher werden. Hilfreich ist es, bei ihrer Gestaltung an eigenen Ressourcen anzuknüpfen.

Einen Abschiedsbrief schreiben

Ich schreibe dem ungeborenen Kind einen Abschiedsbrief, in dem ich es um Vergebung bitte, ihm die Hintergründe meiner Entscheidung erkläre und ihm meine Liebe zum Ausdruck bringe. Christinas Abschiedsbrief etwa klingt so:

»Liebe kleine Katharina, es tut mir unendlich leid, dass ich Dich nicht auf die Welt bringen kann. Ich denke, Du bist bei Gott besser aufgehoben als bei mir. Denn du verdienst ein uneingeschränktes ›Ja‹. Dein Papi will Dich nicht, und ich habe zu große Angst, es allein nicht zu schaffen. Ich will nicht, dass Du leidest oder dass es Dir an irgendetwas fehlt. Bitte verzeih mir diesen Schritt. Ich gebe Dich dem Himmel in Liebe zurück. Denn ich bin zu schwach, um Dir ein stabiles Leben auf der Erde zu ermöglichen. Wie gerne hätte ich Dir die Blumen im Stadtpark und die Tiere im Zoo gezeigt und mit Dir Ball gespielt und Dich in meinen Armen gehalten. Jetzt fühle ich mich selbst vollkommen haltlos und kann nur noch weinen. Und von dem ›Wunder Mensch‹ bleibt nur ein wunder Mensch. Ich bin unsagbar traurig, denn Du gehörst doch zu mir, ich hatte mich so lange nach Dir gesehnt, und jetzt? – Wirst Du bald im Himmel von Deiner Uroma gehalten und dort ein anderes Leben finden? Ein Leben ohne Leid und Tränen, ein Leben beim lieben Gott? Ich hoffe, Du bist mir nicht böse. Ich werde Dich nie vergessen, kleiner Stern. In Liebe, Deine Mami«

Ein solcher Brief kann in einem liebevoll gestalteten Erinnerungskästchen seinen Platz finden oder zu einem Papierschiffchen gefaltet auf das Wasser eines Flusses oder des Meeres gesetzt bzw. an einen aufsteigenden Luftballon gebunden in den Himmel geschickt werden. Es ist auch möglich, in der Zeit der Trauer mehrere Briefe zu schreiben und sie aufzubewahren, um später rückblickend zu erkennen, wie der Schmerz sich gewandelt hat.

So schreibt Christina ein Jahr nach dem Abbruch in einem weiteren Brief an ihr Kind:

»Mein liebes Kind, nun ist es ein Jahr her, dass ich Dich zurückschickte, und es ist kein Tag vergangen, an dem ich nicht an Dich gedacht hätte. Seit Du mich besucht hast, ist nichts mehr für mich, wie es vorher war. In mir ist ein großes Loch, und ich frage mich oft, wie Du ausgesehen hättest, ob Du wirklich eine kleine Katharina oder doch ein kleiner Samuel wärst, und wie es Dir nun geht, auf der anderen Seite. Ich sah kein Licht mehr, als Du bei mir warst und Dein Papi uns allein ließ. Bitte vergib mir. Ich wollte, dass es Dir an nichts fehlt, jetzt fehlst Du in der Welt und mir und ich hoffe immer, Du hast es gut dort, wo Du jetzt bist. Manchmal meine ich, Du sendest mir Grüße über den Regenbogen oder kleine Geschenke, die plötzlich auf meinem Fensterbrett oder auf dem Weg vor mir liegen, wenn ich besonders traurig bin. Gestern zum Beispiel bin ich wieder über eine kleine Feder gestolpert. Hast Du sie geschickt? Heute möchte Dir versprechen, dass ich noch etwas aus unserer Geschichte mache, was dem Leben dient. Ich verspreche Dir zu leben und zu lieben, so gut ich kann, kleiner Stern. Ich möchte Dich nicht festhalten und gebe Dich frei. Dabei spüre ich bis heute oft, dass wir noch immer miteinander verbunden sind. Dass das Band zwischen uns bleibt. Ich danke Dir für alles, liebes Kind, was Du mir gegeben hast an Liebe und Vertrauen. Bleib behütet. Deine Mami«

Ein dritter Brief von Christina, sechs Jahre nach dem Abbruch, klingt so:

»Liebes Katharina-Samuel, eigentlich müsste ich Dich jetzt in der Schule anmelden. Ich denke immer noch jeden Tag an Dich, aber ruhiger und friedlicher. Manchmal stelle ich mir vor, wie Du mit Deinen himmlischen Freunden, den anderen Sternenkindern, spielst. Das lässt mich lächeln. Manchmal höre ich im Traum Dein Kinderlachen. Das gibt mir Kraft. Oft meine ich, Du schickst mir Grüße zu, auch durch Kinder auf der Erde. Neulich hat mir zum Beispiel ein kleiner Junge, in dessen Alter Du jetzt wärst, auf der Straße ein Blümchen zum Muttertag geschenkt, einfach so. Er sagte: ›Guck mal, das hab' ich für Dich gefunden, zum Muttertag!‹ – Und ich merke an vielem: Ich habe mich verändert. Du hast mich verändert. Nichts war umsonst, denn Du hast Spuren in der Welt hinterlassen und ich habe viel von Dir gelernt. Dafür danke ich Dir. Ich habe Dich immer lieb, Deine Mami«

Eine Kerze anzünden

Ich zünde eine Kerze für mein Kind an, (immer wieder) in einer Kirche oder auch zu Hause, zu besonderen Zeiten, an einem besonderen Ort, der dem Gedenken an mein Ungeborenes gewidmet ist.

Das Licht der Kerze steht für die Hoffnung auf das unzerstörbare Licht des Lebens und erhellt die Dunkelheit meiner Trauer. Die Energie selbst der kleinsten Kerze geht nicht verloren, auch wenn die Kerze äußerlich »weniger« wird. Stattdessen verwandelt sich das sich vermeintlich und nur dem äußeren Anschein nach auflösende Kerzenwachs in eine unendlich weiterstrahlende Energie des Lichts und der Wärme. Auch dies kann ich als Trauernde als tröstlich empfinden. Weiterhin schicke ich meinem Ungeborenen mit dem Licht der Kerze einen Gruß und verbinde damit das Vertrauen, dass das Ungeborene bei dem Abbruch seines kurzen Besuchs auf der Erde nicht ins Nichts gefallen, sondern in eine lichterfüllte andere Daseinsebene gewechselt ist. Ich gebe ihm in Gedanken mit der Kerze auch selbst ein Licht mit, damit es seinen weiteren (Seelen-)Weg findet und sich geliebt weiß. Denn nicht zuletzt drücken Kerzen stets liebevolles Gedenken an die Seelen von Verstorbenen aus.

Ein Gedenkplätzchen einrichten und pflegen

Ich richte zu Hause, eventuell auch in meinem Garten, ein Gedenkplätzchen für mein ungeborenes Kind ein. Dort ist Raum für das Niederlegen einer Vielzahl symbolischer Gegenstände wie zum Beispiel:

- kleine (oder größere) Steine, die meine Tränen und meinen Schmerz verbildlichen;
- ein Erinnerungskästchen, in dem auch ein Ultraschallbild aufbewahrt werden kann;
- Kerzen, die Licht und Hoffnung spenden;
- Federn, die von der Zartheit des Lebens meines Kindes erzählen;
- Engelsfiguren und Sterne, die von der Zuversicht sprechen, dass mein Kind nicht verloren, sondern geborgen ist an einem anderen Ort (im Himmel, bei Gott oder auch schlicht im Universum);
- kleine Geschenke zum Abbruchtag oder Jahrestag des Geburtstermins.

Ein solcher Platz ist besonders bedeutungsvoll, da es in den meisten Fällen kein Grab für das Ungeborene gibt und die Trauer ihren Raum braucht. Die Pflege eines Gedenkplätzchens hilft Trauernden, aktiv ihre Gefühle zu gestalten und so aus der lähmenden Ohnmacht herauszufinden, die erschwerte Trauer in vielen Fällen kennzeichnet.

Spirituell begabte Betroffene deuten ihnen unterwegs »zugeflogene« kleine Gegenstände wie Federn, plötzlich auf dem Gehweg vor ihnen liegende Kinderhandschühchen oder Ähnliches zuweilen als Grüße ihres Kindes. Auch solche Fundstücke finden am Gedenkplätzchen einen guten Ort und schenken Trost in der Zuversicht, dass die Verbindung zu dem Ungeborenen unverbrüchlich bleibt. Besonders an Jahrestagen ist das Gedenkplätzchen wichtig, um den eigenen Tränen einen Platz zu geben, Kerzen anzuzünden und in die Stille zu gehen.

Rituale in der Natur

Naturverbundene Trauernde können Trost finden, indem sie im Grünen, zum Beispiel im Wald, in einem Garten oder am Wasser (Gebirgsbach, Fluss oder auch Meeresufer) symbolisch eine Feder oder Ähnliches beisetzen bzw. davongleiten lassen. Ein dem ungeborenen Kind gewidmetes Bäumchen zu pflanzen ist ein heilsames Ritual, das dem Gedenken und der Hoffnung auf die unzerstörbare Kraft des Lebens Ausdruck verleiht. Dies ist auf dem eigenen Grundstück möglich, sodass das Kind dort auch räumlich seinen Platz bekommt, oder auf bestehenden Familiengräbern. Letzteres drückt in besonderer Weise aus, dass das ungeborene Kind auch mit bereits verstorbenen Familienmitgliedern verbunden ist und genau wie diese über den Tod hinaus ein Teil des Familiensystems bleibt. Viele Trauernde bezeichnen das Vertrauen auf diese Verbundenheit als Trostquelle. So erzählt Daniela:

»Ich habe auf dem Grab meiner Großeltern ein Rosenstöckchen für mein ungeborenes Kind gepflanzt. Als im Sommer dann drei Rosen daran erblühten, war das für mich ein Zeichen, dass mein Kind bei seiner Uroma und seinem Uropa gut aufgehoben ist und die drei im Himmel um die Wette blühen. Ich hoffe, dass die

Familie im Himmel mich trotz meines Schwangerschaftsabbruchs auch liebevoll empfängt, wenn ich einmal sterbe. Dass wir uns wieder begegnen und alles, was uns jetzt trennt und was mich noch schmerzt, vergangen ist.«

Eine Abschieds- oder Gedenkfeier besuchen oder selbst gestalten

Abschieds- und Gedenkfeiern für Eltern von Sternenkindern gibt es mittlerweile in vielen Städten Deutschlands. Ungeborene Kinder nach einem (Früh-)Schwangerschaftsabbruch werden dabei jedoch zumeist ausgeklammert. Dennoch kann es heilsam für ihre trauernden Eltern sein, eine solche Feier zu besuchen, dabei das ungeborene Kind zu beweinen und ihm eventuell auch an einer der auf vielen Stadtfriedhöfen bereits liebevoll angelegten Gedenkstätten für Sternenkinder ein Blümchen, eine kleine Feder oder anderes zu hinterlegen. Die Trauerfeier ist für Trauernde ein erster Meilenstein auf der Wanderung durch die Trauer. Auch ein Schwangerschaftsabbruch, der mit Trauer verbunden ist, kann durch ein Abschiedsritual besser integriert werden.

Alternativ oder ergänzend zum Besuch einer öffentlichen Gedenkfeier lässt sich im Privaten eine kleine Feier gestalten, eventuell gemeinsam mit einer Trauerbegleiterin oder aufgeschlossenen Seelsorgerin, sofern die Betroffenen religiös geprägt sind. Dabei können trauernde Sterneneltern und ihre Angehörigen liebevolle Worte an das ungeborene Kind richten und Gebete formulieren, Lieder singen oder anhören (»Weißt du, wie viel Sternlein stehen?« wäre da ein wunderbares Beispiel) und in Momenten der Stille allen Gefühlen ihren Raum geben. Schön ist es, das Ritual der Namensgebung mit einer Gedenkfeier zu verbinden und das Kind mit seinem unverwechselbaren Namen Gott anzuvertrauen. Dank und die Bitte um Vergebung lassen sich dabei miteinander verbinden, beispielsweise so:

»Gott, du Vater und Mutter allen Lebens, wir danken dir für unser Kind Ida-Benny. Du hast es uns aus Liebe anvertraut und in ihm etwas Einzigartiges geschaffen. Wir vertrauen es dir mit seinem unverwechselbaren Namen an und bitten dich: Halte es geborgen in deiner Hand. Vergib uns, dass wir nicht die Kraft hatten, es auf die Welt zu bringen, und heile, was jetzt in uns zerrissen und wund ist. Lass das Band zu unserem Kind lebendig bleiben, bis wir es bei dir in die Arme schließen können am Ende der Zeit. Amen.«

Abschieds- und Gedenkfeiern müssen nicht zeitnah nach dem Abbruch begangen werden. Bricht die Trauer zeitverzögert auf, ist es auch möglich, sie mit größerer zeitlicher Distanz nachzuholen, denn Zeitliches und Ewiges treffen, davon bin ich zutiefst überzeugt, in der besonderen Verbindung zwischen Sternenkindern und allen, die sie im Herzen bewahren, aufeinander.

Dem Schmerz durch kreatives Gestalten eine Form geben

Eine wertvolle Weise, mit dem Schmerz umzugehen, ist die kreativ-künstlerische Gestaltung. Diese kann sich je nach Begabung ausdrücken im Malen, Schreiben, Musizieren, Töpfern, Nähen und anderem mehr. Auch widersprüchliche Gefühle können dabei ins Fließen kommen. Manchmal führt dies zu tröstlichen Veränderungen im eigenen Blickwinkel auf das Geschehene. So berichtet Christina:

»Als ich nach der Abtreibung in einer psychosomatischen Klinik war, hat mir die Ergotherapie viel gegeben. Ich versuchte einmal, aus Speckstein einen kleinen Grab- bzw. Gedenkstein für mein Kind herzustellen, in der Form eines Schmetterlings. Leider glückte es mir nicht, die Form sichtbar zu machen. Der Stein blieb in einer Art Raupenform. Das machte mich sehr verzweifelt. Als ich dann spazieren ging, fand ich auf einem Flohmarkt am Straßenrand eine Keramikfigur, die einen wunderschönen Schmetterling darstellte. Da dachte ich: Vielleicht ist es gar nicht nötig, dass ich selbst alles vollende oder ganz mache, was in meinem Leben brüchig geblieben ist. Vielleicht wird mein Kind an einem anderen Ort vollendet. Und die Raupe, die ich anfertigte, ist auch in sich ganz. Denn sie enthält ein Potenzial zur Verwandlung in einen Schmetterling, das bestimmt nicht verloren geht. Auf dem Rückweg zur Klinik sah ich plötzlich am wolkenverhangenen Himmel einen Regenbogen aufgehen, und bei seinem Anblick wurde mir leichter ums Herz.«

Wertvoll bei der Auseinandersetzung mit der eigenen Trauer ist das Verfassen eines Trauer- oder auch Traumtagebuchs, das später rückblickend hilft, die auf dem Trauerweg erfolgte innere Wandlung nachzuvollziehen. Schreiben entfaltet in Trauerprozessen eine transformierende und befreiende Wirkung, da dabei alles reflektiert und geäußert wird, was Trauernde belastet. So entsteht zudem eine gesunde Distanz zu den aufgewühlten Gefühlen. Ein Trauertagebuch lässt sich ins Regal stellen, ohne dass etwas verloren geht, denn zu einem späteren Zeitpunkt kann es wieder gelesen und daran weitergeschrieben werden. Auch in Gedichten, Briefen oder Prosa können Betroffene ihrem Erleben Ausdruck verleihen.

Das Lesen von Zeitungsartikeln zum Thema »Schwangerschaftsabbruch« war für Christina der Anlass, aus ihrer Erfahrung heraus mutig mehrere Leserbriefe zu verfassen. Allerdings ist beim Veröffentlichen eigener Texte zu prüfen, ob die Verfasserin bereits stabil genug ist, um eventuellen verletzenden Kommentaren anderer zu ihrem Geschriebenen gewachsen zu sein.

Das Schreiben zu eigenen Schmerzthemen stellt eine sensible Art der Selbstoffenbarung dar, die auch die Gefahr zusätzlicher Verwundung oder eines Rückfalls im Trauerprozess beinhaltet.

Bei an die Öffentlichkeit gelangenden Texten ist es legitim, über das Schreiben unter einem Pseudonym nachzudenken.

Schreiben unterstützt die heilsame Beleuchtung und Verwandlung der eigenen Gefühle. Zweifelsohne setzt es dabei auch immer dem ungeborenen Kind ein Denkmal in Worten.

Dem Kind einen Platz im Familiengedächtnis geben

Das Im-Gedächtnis-Halten und Würdigen des Ungeborenen im Familiensystem ist ein wichtiger Baustein, um nach einer als Trauerfall erlebten Abtreibung wieder in den Frieden zu finden. Der Familie zugänglich gemachte Texte wie zum Beispiel ein für die geborenen Kinder für später verwahrtes Tagebuch oder Briefe helfen, die Erinnerung an das ungeborene Kind wachzuhalten oder überhaupt ins Familienbewusstsein zu rufen, dass es ein Teil des Systems ist. Auch Gespräche über das Ungeborene können heilsam sein.

Allerdings birgt dieser offene Umgang mit einem Schwangerschaftsabbruch Stolpersteine auf dem Weg durch die Trauer. Da oft innerhalb eines Familiensystems voneinander abweichende Grundhaltungen bezüglich des Themas »Abtreibung« vertreten sind, stoßen Betroffene dabei nicht nur auf Verständnis. Mitunter kommt es auch zu heftigen Abwehrreaktionen oder zu auf Überforderung beruhenden verletzenden Kommentaren wie: »Fängst du schon wieder davon an? Das war doch noch kein richtiges Kind. Lass das Thema endlich sein und lass mich um Gottes Willen damit in Ruhe!«.

Auch wenn der offene Umgang mit der eigenen Entscheidung ein seit Generationen wirksames Familienmotto wie »Darüber spricht man nicht« bricht, kann dies zu großer Unruhe und weiteren Verletzungen führen.

Gleichzeitig birgt der offene Umgang die Chance, verdrängte Wunden ans Licht zu bringen und Beziehungen innerhalb der Familie zu heilen. Interessanterweise tun sich kleine Kinder oft am wenigsten schwer damit, zu erfahren, dass es neben ihnen ungeborene Kinder in der Familie gibt. Christina erzählt:

»Meine kleine Nichte Nelly wusste von ihrem ungeborenen Cousinchen, ohne dass ich viele Worte dazu machte, und ging ganz entspannt damit um. Sie hatte mich gefragt, wer das Engelchen auf dem Sideboard sei. Das stehe für ein kleines Kind, das nicht hatte auf die Erde kommen können, erzählte ich ihr. Da rückte Nelly es näher an ein Foto von mir heran und sagte: ›So, jetzt steht es wenigstens näher bei dir, wenn es schon nicht bei dir sein kann.‹ Als die Kleine im Kindergarten ein Bild von ihrer Familie malen sollte, malte sie einen gelb leuchtenden Engel mit einem Sternenkleid neben sich und erklärte mir, als sie mir das Gemälde schenkte: ›Weißt du, das Gelbe ist das Sternchen, das nicht zu uns kommen konnte. Jetzt ist es im Himmel bei Tante Greta, da ist es auch nicht allein. Und nachts winkt es uns zu.‹ Unsere Tante Greta war im gleichen Jahr gestorben, als Nelly geboren wurde. Es hat mich immer wieder berührt und getröstet zu erleben, wie selbstverständlich die Kleine damit umging, dass wir Familienmitglieder auf der Erde und eben auch ›im Himmel‹ haben. Alle gehörten für Nelly dazu. Ich glaube, von den Kindern können Erwachsene im Umgang mit Tod und Trauer viel lernen.«

Den Austausch mit anderen Betroffenen suchen

Der Austausch mit anderen Betroffenen hilft, eine Solidargemeinschaft und Verständnis zu erleben. Leider sind Gruppenangebote für Menschen nach einer Abtreibung noch rar gesät. Über das Internet auffindbare Anlaufstellen sind oft von einseitigen ideologischen Grundhaltungen zum Thema »Schwangerschaftsabbruch« geprägt. Der Kontakt mit Ansprechpartnerinnen solcher Gruppen kann den Trauerprozess zusätzlich erschweren, indem Schuldgefühle dabei nicht ernst genommen oder verstärkt werden. Dennoch ist das Sprechen mit Schicksalsgenossinnen hilfreich, um die soziale Isolation in dieser Trauer zu überwinden. Betroffene berichten mir in der Begleitung nicht selten auch davon, dass sie während der Auseinandersetzung mit den Folgen ihres Abbruchs in ihrem Umfeld erstaunlich viele Menschen treffen, die diese Erfahrung mit ihnen teilen. Das ist auf das Phänomen der Resonanz zurückzuführen und kann Betroffene bei der Bearbeitung der eigenen Trauer ebenfalls stärken.

Sich für andere einsetzen

Viele Betroffene finden neue Kraft, indem sie ihre eigenen Kräfte geborenen Kindern oder allgemein bedürftigen Menschen zukommen lassen und sich beispielsweise in sozialen Projekten, im Ehrenamt oder mit der Übernahme einer Patenschaft engagieren. Dieses Engagement hat zu tun mit dem Bedürfnis, etwas wiedergutzumachen. Ich bin der Ansicht, dass ein solches Wiedergutmachen nicht nötig ist. Denn eine Frau hat es in einem Schwangerschaftskonflikt meiner Erfahrung nach genauso gut gemacht, wie sie es konnte. Dennoch ist die Fürsorge für andere heilsam: Sie verhilft Betroffenen zurück zu einem Gefühl der Sinnhaftigkeit und trägt zu einem neuen Selbst- und Weltbezug bei. Menschen entwickeln häufig durch eine Lebenskrise eine große Empathie für andere. So wird ihre schmerzhafte Erfahrung zu einer Ressource, aus der heraus sie andere besonders einfühlsam begleiten können.

Heilung durch Träume

Es ist überaus heilsam, sich in Zeiten der Trauer durch die Beschäftigung mit Träumen damit auseinanderzusetzen, was in der Nacht aus dem Unbewussten aufsteigt. Nächtliche Träume öffnen die Pforte zu tiefen Seelenschichten, die bei Tageslicht oft nicht zugänglich sind. Indem sie Verdrängtes ans Licht holen, tragen sie besonders in erschwerten Trauersituationen zur Heilung im Sinne von (Wieder-)Ganzwerdung bei.

Nach Schwangerschaftsabbrüchen sind Träume zunächst oft qualvolle Albträume, die um das Verlieren und Suchen des ungeborenen Kindes kreisen. In der ersten Trauerphase, die vom Nichtwahrhabenwollen des Verlusts geprägt ist, enthalten sie manchmal Flashbacks an den Abbruch selbst, besonders wenn diesem auf Druck von außen zugestimmt wurde und er an ein traumatisches Erleben gekoppelt ist. Im Traum suchen Betroffene zuweilen nach einem anderen Ausgang des Geschehens. Sie versuchen beispielsweise, aus der Abtreibungsklinik zu fliehen oder mit dem Klinikpersonal zu verhandeln, das Ungeborene wieder zusammenzusetzen. In dieser Phase sind Träume geprägt von der Sehnsucht nach dem verlorenen Kind.

Mit der Zeit können sich Träume in der Trauer nach einem Schwangerschaftsabbruch verändern und Bilder des Wiederfindens und des Trostes generieren. Die Veränderung der Träume spiegelt wider, dass jeder Trauerprozess das Potenzial einer Verwandlung enthält, die Betroffene zurück ins Leben führt. Es ist heilsam, die eigenen Träume in der Zeit der Trauer zu beobachten und vielleicht sogar in einem Traumtagebuch aufzuschreiben, sodass rückblickend ihre Verwandlung als Spiegel der eigenen Verwandlung nachvollzogen werden kann. Besonders für Menschen, die Spiritualität als Ressource erleben, öffnen Träume schließlich sogar den Zugang zu einer anderen Dimension und bauen eine Brücke zu Verstorbenen. Die Begegnung mit dem ungeborenen Kind in Träumen wird ihnen oft zu einer Quelle des Trostes. Solches Traumerleben ist ein Geschenk, das sich zugleich üben lässt, indem vor dem Einschlafen die ungeborenen Kinder in Gedanken eingeladen werden, im Traum zu erscheinen und ihre Botschaft mitzuteilen.

Christinas Traumtagebuch bildet ab, wie Träume sich im Prozess der Trauer nach einer Abtreibung verändern und den Blick weiten können, indem sie den Schleier zwischen dem Land der Lebenden und dem Land der Toten lüften. Die Träume sprechen in ihrer bildhaften Sprache so sehr für sich, dass sich eine zusätzliche Traumanalyse erübrigt:

Bilder aus einem Traumtagebuch – Christinas Reise durch die Nacht

Zehn Tage nach dem Abbruch: »Ich gehe durch einen dunklen Wald. Verzweifelt suche ich mein Kind. Hinter jedem Baum, unter jedem Stein, denn es war ja noch winzig klein. Dunkelheit umschließt mich. Ich verfange mich im Dickicht der Äste, gerate ins Straucheln und falle ins Bodenlose. Ich will den Schmerz herausschreien, der mein Herz zerreißt, aber meine Kehle ist wie zugeschnürt. Wo ist mein Kind? Und finde ich jemals wieder heraus aus diesem dunklen Wald?«

Vier Wochen nach dem Abbruch: »Ich laufe mit einem Baby im Arm um mein, um unser Leben. Das Kind und ich sind beide nackt und schutzlos. Wir lassen alles hinter uns zurück, nur um zu überleben. Die Abtreibungsärztin und der Vater meines Kindes sind hinter uns her und zielen auf uns mit Betäubungspfeilen. Meine Beine sind schwer, meine Kraft schwindet. Wohin soll ich mit meinem Kind fliehen? Wo finden wir Schutz?«

Vier Monate nach dem Abbruch: »Ich sehe ein dunkelhaariges Mädchen wie in einem unwirklichen Film heranwachsen zu einer schönen Frau, die mir lachend zuwinkt. Ich weiß: Ich werde sie gegen alle Widerstände gebären und sage den Abtreibungstermin ab. Doch als ich die Nummer der Klinik auf dem Handy eingebe, kommt der Vater meiner Tochter, der das Kind nicht will, um die Ecke geschossen, mit hochrotem Kopf, in irrsinniger Geschwindigkeit. Er betäubt mich, noch ehe ich mich wehren kann, mit Narkosemittel und bindet mich auf einer Trage fest, sodass ich nicht entkommen kann. Und ehe ich begreife, wie mir geschieht, ist meine Tochter wieder klitzeklein, und ich habe sie für immer verloren.«

Ein Jahr nach dem Abbruch: »Nach dem Vorgespräch in der Abtreibungsklinik entscheide ich mich, noch einmal dorthin zu gehen, um den Termin des Abbruchs abzusagen. In der Klinik erfahre ich von der Abtreibungsärztin, dass mein Kind bei der Voruntersuchung bereits versehentlich aus mir herausgezogen wurde. Ich schreie und schlage wild um mich und flehe die Ärztin an, mein Kind wieder zusammenzubauen oder wenigstens aus seinen Resten eine Genanalyse zu machen, damit ich auf einem Foto sehen kann, wie das Kind geworden wäre, damit ich ihm ein einziges Mal in die Augen sehen und ihm sagen kann, wie leid mir alles tut …«

Ein Jahr nach dem errechneten Geburtstermin: »Ich stehe vor dem Eingang zum Kreißsaal und darf ihn nicht betreten. Die dicke Panzertür ist fest verschlossen. Dabei spüre ich doch, dass mein Kind noch in mir ist und dringend auf die Welt gebracht werden will. Ich fühle mich ohnmächtig vor der verschlossenen Tür. Wo soll ich das Kind gebären, wenn diese Tür mir verschlossen bleibt?«

Drei Jahre nach dem Abbruch: »Ich laufe wieder durch einen dunklen Wald und suche mein Kind. Plötzlich öffnet sich vor mir das Dickicht der Bäume, und ich blicke auf eine sonnendurchflutete Lichtung. Dort tanzen viele fröhliche Kinder im Kreis. Meine Großmutter backt in einem kleinen Waldhaus am Rande der Lichtung Kuchen. Im Hintergrund sehe ich meine jüngst verstorbene Tante. Ihr glockenwarmes Lachen erfüllt den Wald. Aus dem Reigen der Kinder dreht sich ein kleines Mädchen mit braunen Augen zu mir um und winkt mir zu und ruft: ›Hallo, Mami, sei nicht traurig, guck, wie schön es hier ist, und glaub mir: Es ist alles gut!‹ Ich will zu meinem Kind, um es in die Arme zu schließen, da schließt sich wieder das Dickicht vor mir und ich muss zurück auf die andere Seite des Waldes.«

Sechs Jahre nach dem Abbruch: »Ich steige mit einem kleinen Kind an der Hand hinab in einen tiefen Brunnenschacht. Führe ich das Kind an der Hand? Oder führt das Kind eher mich? Wir sind untrennbar verbunden. Je tiefer wir in den Brunnen hinabsteigen, desto heller wird es um uns. Am Grunde des Brunnens angekommen, stoßen wir auf eine Quelle. Dort entspringt das Wasser des unzerstörbaren Lebens.«

Vom Umgang mit Triggern und besonderen Trauerzeiten

Trigger sind Auslöser, die die Erinnerung an schmerzhafte oder traumatische Erlebnisse reaktivieren und zu starken emotionalen Reaktionen und mitunter sogar Flashbacks führen. Die überaus komplexe Erfahrung eines als Trauerfall erlebten Schwangerschaftsabbruchs bringt eine ebenso komplexe Menge von möglichen Triggern mit sich. Je nach dem Schweregrad des Erlebten lösen zuweilen bereits alltägliche Sinneseindrücke wie bestimmte Farben, Geräusche oder Gerüche Triggersituationen aus. Häufig knüpfen Trigger an die Abtreibungssituation selbst an. Sie treten unter anderem auf bei späteren ärztlichen Eingriffen, betreffen den Ort der Abtreibung und viele andere (Sinnes-)Eindrücke, die an den Abbruchtag erinnern, wie etwa sogar eine bestimmte Wetterlage, eine gehörte Musik und vieles mehr. Daniela erzählt:

»Auf der Fahrt zur Abtreibungsklinik lief ein Song im Radio, den ich sehr mochte: ›Wonderful life‹. Ich konnte ihn danach nicht mehr ertragen. Auch die Stadt, in der die Klinik lag, wollte ich nicht mehr besuchen. Und wenn es regnete, dachte ich an mein Kind, denn im strömenden Regen hatte ich die Klinik besucht und gedacht: ›Wie kann das alles sein? Der Himmel weint …‹ Mit der Zeit wurde es leichter, mich mit alledem wieder konfrontiert zu sehen. Als ich das genannte Lied zum ersten Mal wieder anhören konnte, ohne zu weinen, merkte ich: Ich konnte inzwischen mit dem Erlebten einigermaßen umgehen. Aber Vorsorgeuntersuchungen beim Frauenarzt bleiben für mich bis heute schwer, da auch sie mich an den Abbruch erinnern.«

Auch das Erleben anderer Schwangerschaften und die Begegnung mit Kindern bergen für Betroffene Trigger. Christina berichtet:

»Nach dem Abbruch war es für mich sehr schmerzhaft, schwangere Frauen und Babys zu sehen. Ich traute mich fast nicht mehr aus dem Haus, denn es schien ein Sommer mit einem wahren Babyboom zu sein. Besonders belasteten mich einige Schwangerschaften in meinem Umfeld. Erst nach der Geburt meiner Nichte wurde es für mich leichter. Als ich die Kleine im Arm hielt, war da nur noch Liebe in mir. Und seither ist mein Verhältnis zu Kindern im Allgemeinen ein anderes geworden. Mein Herz geht auf, wenn ich kleine Kinder sehe, und es ist mir manchmal, als würde mir mein ungeborenes Kind durch sie Grüße schicken. Ich glaube, mein Kind im Himmel freut sich, wenn ich Kindern auf der Erde liebevoll begegne. Die Liebe zu ihm wird so zur universellen Liebe zu allem Kleinen und Verletzlichen. Mein Herz ist offener geworden durch mein Kind.«

Neben äußeren Triggern gibt es besonders sensible (Trauer-)Zeiten, die man durchaus als Triggerzeiten bezeichnen kann. Zeit verläuft nicht nur linear und chronologisch, sondern immer auch zyklisch. Bestimmte Zeitabschnitte haben eine besondere Qualität. Im Trauerprozess nach einer Abtreibung bedeutsam sind Gedenktage wie der Jahrestag des Abbruchs und des errechneten Geburtstermins. Daneben werden emotional ohnehin aufgeladene Feiertage wie Weihnachten oder Ostern von Betroffenen als belastend erlebt. Auch an die Fruchtbarkeit gekoppelte Zeiten wie der Menstruationszyklus und die Wechseljahre können in der Trauer nach einem Schwangerschaftsabbruch Triggersituationen auslösen. Alle diese besonderen Zeiten brauchen eine besondere Gestaltung und Würdigung. Christina erzählt auch davon:

»Die schlimmste Zeit war für mich die Zeit, als der errechnete Geburtstermin näherrückte. Ich dachte, ich dürfte diesen Tag zur Strafe selbst nicht überleben, und war sehr depressiv. Danach ging es langsam aufwärts, wobei der Jahrestag der Abtreibung dann wieder ein sehr verzweifelter Tag und Tiefpunkt für mich war. Ich gönne mir bis heute viel Ruhe, um diese wiederkehrenden Daten, die einen festen Platz in meinem Jahresablauf haben, zu überstehen. Von Jahr zu Jahr wird es etwas leichter für mich. Aber ohne das Ritual, eine Kerze für mein Kind anzuzünden, sind diese Tage für mich undenkbar. Auch das Einsetzen meiner Wechseljahre machte mir nach dem Abbruch zu schaffen. Schon früher war der Zyklus für mich belastend. An den Tagen vor der Periode fühlte ich mich seit der Schwangerschaft getriggert, da das Prämenstruelle Syndrom mich in meinem Körpergefühl an die Frühschwangerschaft erinnerte. Das Einsetzen der manchmal sehr heftigen Blutung löste Flashbacks an den immensen Blutverlust nach dem Abbruch in mir aus. Als meine Regel immer häufiger verspätet einsetzte oder sogar ausblieb, haderte ich zudem mit dem Verlust meiner Fruchtbarkeit. Ich hoffe, auch damit noch mehr in den Frieden zu kommen.«

Auch weitere Verlust- und Abschiedssituationen können Betroffene triggern. Verdrängte Trauer bricht mitunter bei späteren Todesfällen auf oder wenn geborene Kinder aus dem Haus gehen. Wurde die Abtreibung als traumatisch im Sinne einer

Ohnmachtserfahrung erlebt, wird späteres Ohnmachtserleben zur Triggersituation. Dazu zählen zum Beispiel Unfälle oder Krankheiten, die zuweilen als Strafe gedeutet werden und die eigene Handlungsfähigkeit einschränken. Wenn mit großen Hoffnungen verbundene Lebensprojekte wie beispielsweise eine angestrebte berufliche Veränderung scheitern, kann das ebenfalls den Schmerz um den Abbruch triggern. Selbst Ereignisse wie Einschulungen oder andere Lebensfeiern in ihrem Umfeld triggern Trauernde unter Umständen, wenn sie zu einer Zeit stattfinden, in der das ungeborene Kind im entsprechenden Alter wäre. Wie stark eine Betroffene unter solchen Triggern leidet, hängt ab von ihrer Sensibilität und der Schwere ihres Erlebens bei dem Schwangerschaftsabbruch.

In der Trauerbegleitung stellen Trigger eine Herausforderung dar, der mit Achtsamkeit begegnet werden sollte. Da das wiederkehrende Auftreten von Flashbacks auf eine Traumatisierung hinweisen kann, sollten Begleiterinnen in diesen Fällen immer zu psychotherapeutischer Unterstützung raten.

Notfallkoffer bei Triggersituationen

Folgende Sofortmaßnahmen helfen, in Triggersituationen Halt zu finden:

- bewusstes Atmen;
- meditative Techniken anwenden, um Distanz zu den aufkommenden Gefühlen aufzubauen bzw. diese vorbeiziehen zu lassen;
- sich auf Sinneswahrnehmungen im Hier und Jetzt konzentrieren;
- in die Bewegung gehen, zum Beispiel auf einen Spaziergang;
- Tee trinken;

- ein Kissen oder Kuscheltier in den Arm nehmen und halten;
- eine vertraute Kontaktperson anrufen oder ihr schreiben;
- sich auf die Liebe (zu dem Ungeborenen) konzentrieren;
- bei wiederkehrenden belastenden Flashbacks professionelle Hilfe aufsuchen (Traumatherapie).

Mit der Zeit verändert sich der Umgang mit Triggern. Es wird für Betroffene beispielsweise an Jahrestagen leichter. Und es ist gleichzeitig eine Herausforderung, sich dies als Trauernde zu erlauben. Sternenmütter fragen sich oft: »Darf es mir wieder gut gehen? Oder ist das ein Treuebruch gegenüber dem Ungeborenen?« Ich denke, die ungeborenen Kinder wollen nichts mehr, als dass es ihren Eltern gut geht. Denn sie bleiben ihnen, das habe ich in vielen Zeichen so erleben dürfen, in Liebe verbunden. Deshalb möchte ich alle, die nach einem Schwangerschaftsabbruch trauern, zu einer liebevollen Haltung auch sich selbst gegenüber ermutigen. Die Liebe heilt alles und ermöglicht es nicht zuletzt, sogar nach tragischen Verlusterfahrungen neuen Grund unter den Füßen zu gewinnen.

5 Neuen Grund unter den Füßen gewinnen – Aus Brüchen Brücken bauen

Heilung: Vom (Wieder-)Ganzwerden mit Brüchen

»Wenn etwas zerbricht, scheint es verloren.
Aber das stimmt nicht. Alle Einzelteile sind noch da und
warten darauf, neu zusammengesetzt zu werden.«
(Anemone Zeim)

Heilung nach tiefgreifenden Verlusterfahrungen bedeutet ein (Wieder-)Ganzwerden mit Brüchen. Bei Trauer nach einem Schwangerschaftsabbruch beinhaltet das für Betroffene, nicht nur den Verlust des ungeborenen Kindes, sondern auch die damit verbundenen anderen Verluste im Beziehungssystem sowie den etwaigen eigenen Integritätsverlust so zu integrieren, dass sie sich wieder ganz fühlen. Heil sein bedeutet ganz sein. Unversehrt sein ist nach persönlichen Brüchen nicht möglich.

Durch das Anerkennen und Annehmen der eigenen Bruchstellen entsteht im Heilungsprozess jedoch ein neues Ganzes. Was sie erlebt und verloren haben, verändert Trauernde. Ein gebrochenes Herz ist auch ein offenes Herz. Seine schmerzhaften Risse und Bruchstellen gleichen Öffnungen, durch die Neues und Lichtvolles in Trauernde eindringen kann. Das bedeutet beispielsweise, zu einer anderen Sensibilität für die Tiefe des Lebens und dessen unschätzbaren Wert zu finden, eine liebevollere Grundhaltung sich selbst gegenüber zu entwickeln und einen veränderten Blick auf das Leben einzunehmen, das immer auch ein Leben mit Brüchen ist. Bildhaft drückt sich solches

Heilwerden mit Brüchen in der japanischen Reparaturtechnik Kintsugi aus: Dabei werden die Bruchstücke eines zerbrochenen Gefäßes mithilfe eines Goldlacks so wieder aneinandergefügt, dass eine neue Schale entsteht. Die vergoldeten Bruchstellen machen die besonders wertvolle Einzigartigkeit dieser neuen Schale aus und erzählen davon, dass etwas Gebrochenes etwas veredeltes Ganzes werden kann (vgl. Santini, 2018).

Der Weg der vier »V«: Verständnis entwickeln – in die Vergebung gehen – Verantwortung übernehmen – Verwandlung erleben

»Zukunft ist geheilte Vergangenheit.«
(Hoppe u. Hoppe, 2013, S. 193)

Im Entstehungsprozess dieses Buches entwickelte sich vor meinem inneren Auge ein Weg der Heilung, der geprägt ist von dem Buchstaben V und vier Stationen aufweist. Es ist ein Weg, den ich selbst als heilsam erlebt habe und den ich wie alle anderen Gedanken in diesem Buch nicht als Allheilmittel verstanden wissen möchte, sondern vielmehr als Anregung für andere, sich selbst auf den Weg zu machen und dabei den ein oder anderen Aspekt des von mir Ausgeführten als Wegweiser zu nutzen, sofern es der eigenen Situation angemessen erscheint.

»Der Weg der vier V« ist ein Weg, der helfen mag, die erlebten Brüche nach einem Schwangerschaftsabbruch in Brücken zu transformieren. Bereits der Buchstabe V ist ein hoffnungsvolles Zeichen: Das V führt auf der einen Seite in die Tiefe, auf der anderen wieder aus der Tiefe heraus. Von seiner Talsohle aus öffnet das V einen trichterförmigen Raum nach oben, in dem sich Enge in Weite verwandelt. Diesen Raum können sich Betroffene auf dem Weg durch ihre Trauer über vier Stationen erschließen, und zwar über Verständnis, Vergebung, Verantwortung und Verwandlung.

Die Entwicklung von Verständnis für die getroffene Entscheidung ist die Voraussetzung, sich selbst und anderen zu vergeben und Vergebung anzunehmen. Aus dieser Vergebung heraus kann Verantwortung übernommen werden. Dabei geben Betroffene dem Geschehen mit ihrem Leben eine Antwort. Sie würdigen den erlittenen Verlust und setzen die nach ihm in ihrem Leben zurückgebliebenen Bruchstücke zu etwas Neuem zusammen. So öffnet sich ein Weg hin zu einer Verwandlung. Profunde Lebenskrisen führen unweigerlich zu Veränderungen. Vieles sortiert sich auch nach einem als Trauerfall erlebten Schwangerschaftsabbruch neu. Denn das eigene Selbstbild steht in dieser Situation auf dem Prüfstand. Heilsam ist es, wenn an die Stelle der Selbstverurteilung und Verzweiflung über das Geschehene die Selbstannahme tritt. Daniela erzählt:

»Ich bin nicht mehr die, die ich vor der Abtreibung war, und ich war möglicherweise schon vor dem Abbruch nicht diejenige, die ich meinte zu sein, nämlich eine Frau, die immer alles schafft und im Griff hat. Rückblickend hat mich diese Erfahrung auch verständnisvoller gemacht. Ich verurteile andere nicht mehr für Schritte, die ich nicht nachvollziehen kann, und bin von dem Sockel herabgestiegen, auf den ich mich früher selbst gestellt hatte. Vielleicht hat mich das Ganze insgesamt liebevoller im Umgang mit mir selbst und anderen gemacht.«

Mit dem Selbstbild und dem Selbstbezug verändert sich durch die erschwerte Trauersituation nach einer Abtreibung auch der Weltbezug. Manchmal führt das zu Umorientierungen im Außen. Beziehungsmuster wandeln sich. Schwierige Beziehungen werden unter Umständen beendet und neue Kontakte geknüpft. Sogar eine berufliche Neuorientierung kann nach dem Zusammenbruch im Zusammenhang mit dem Abbruch zu einem hoffnungsvollen neuen Aufbruch führen. In alledem ist es ein

Segen, wenn dabei erlebbar wird, was Christina so zusammenfasst:

»Was ich verloren habe, verwandelt mich.«

Diese Verwandlung geschieht nicht über das Loslassen, sondern über das Annehmen. Die Integration der eigenen Bruchstelle führt zu einer Transformation, zu einem neuen Ganzwerden mit Brüchen. Wie jeder Weg durch die Trauer ist auch der Weg der vier V kein Weg, der immer linear verläuft. Es gibt auf diesem Weg Schleifen, Umwege, Rückschritte. Das Hin-und-her-Wandern ist Teil des Wandels.

Und die vier V verschmelzen in den zwei W des Wortes »Wandel-Weg«. Schritt für Schritt wächst dieser Weg durch die Trauer unter den eigenen Füßen und führt Trauernde letztlich nach vorn.

Weitere Wörter mit dem Buchstaben W spielen dabei eine Rolle: Wesentliches rückt nach einem schweren Verlust in den Fokus. Es stellt sich die Frage, was wirklich trägt und worauf es im Letzten ankommt. Die Sicht auf das Leben weitet sich, im besten Sinn hin zu einer Weit-Sicht, einer lebenserprobten neuen Weisheit. Die Krise kann in ihrer Wucht zu einem Weckruf werden, der zu einem achtsameren Leben führt. All dies ermöglicht schließlich inneres Wachstum, einen seelischen Reifeprozess.

»Bin ich ver-rückt?! – Ja, es hat mich ver-rückt!«. Ein Statement

»There is a crack in everything,
that's how the light gets in.«
(Leonard Cohen)

Ein fünftes V ist für den Weg durch die Trauer bedeutsam: das V des Wörtchens »verrückt«. Christinas Statement erzählt davon:

»Bin ich verrückt?! Das habe ich mich nach der Abtreibung oft gefragt. Inzwischen denke ich: Ja, ich bin verrückt, denn was ich erlebte, hat vieles in meinem Leben ver-rückt. Ich liebe mein Kind, obwohl ich es nicht geboren habe, und habe es von Anfang an geliebt. Das an sich ist schon verrückt. Und es hat mich völlig durcheinandergewirbelt und mein Lebenshaus auf den Kopf gestellt. Wenn ich vor einem aus dem Nest gefallenen Vögelchen stehe, breche ich in Tränen aus. Beim Anblick kleiner Kinder gerate ich außer mich.

Anfangs konnte ich es kaum ertragen, Kinder zu sehen. Seit einiger Zeit platze ich fast vor Liebe, wenn ich ihnen begegne. Ich habe viele Kinderbilder gesammelt und sogar eine Zeitlang meine Zimmerwand damit tapeziert.

Ich frage mich immer wieder, wie mein Kind nun aussehen würde. An jedem Tag weiß ich, wie alt es jetzt wäre. Und wenn der Geburtstermin sich jährt, stelle ich ihm ein altersgerechtes Geschenk an sein Gedenkplätzchen. Auch das ist von außen betrachtet verrückt, aber es hilft mir, mit der Trauer zu leben. Trotzdem kann ich an manchen Tagen noch immer nicht arbeiten gehen vor Schmerz. Und es passiert an solchen Tagen manchmal, dass plötzlich ein kleiner Kinderhandschuh oder eine Feder vor mir auf dem Weg liegt oder ein Schmetterling zu mir herfliegt und mich umkreist. Darin sehe ich – wie verrückt ist das denn? – Grüße aus dem Himmel, und ich fasse neuen Mut.

Ich fühle mich durch mein ungeborenes Kind voller Liebe zu allem Kleinen hingezogen und bin durch die Verbindung zu ihm schon halb im Himmel daheim. Auf der Erde bringt mich nur noch Existenzielles aus der Ruhe. Ich vertraue inzwischen darauf, dass nichts verloren geht, auch nicht mein Kind. Dass wir verbunden bleiben in Liebe, so verrückt das klingt, nach allem, was war, und dass wir uns wieder begegnen werden am Ende des Regenbogens. Ja, ich bin verrückt. Denn was geschehen ist, hat mich ver-rückt. Und so sehr ich die verbliebenen Bruchstücke auch hin und her rücke: Eine schmerzhafte Lücke bleibt.

Manchmal scheint durch diese Lücke ein Licht zu mir herüber, und der Dachschaden in meinem Lebenshaus gibt den Blick auf die Sterne frei. Die Lücke ist nun ein Teil von mir, und der Schmerz lehrte mich einen anderen Blick. Das Licht, das durch die Bruchstellen meines Herzens in mich Eingang findet, gibt mir Zuversicht, dass alles doch noch an ein gutes Ende kommen wird, mit meinem Kind und mir. Dass mein Kind selbst unversehrt und völlig im Frieden ist im Himmel. Und bis ich selbst dahinkomme, will ich mich, wenn die Trauer mich wieder schier verrückt macht, daran erinnern, was das Kind mir einmal zugeflüstert hat: Es geht nur, wenn die Liebe größer ist als der Schmerz.

Und es geht tatsächlich, denn die Liebe IST größer als der Schmerz. Das ist das Verrückteste an allem:

Mein ungeborenes, winzig kleines Kind hat mich gelehrt, was bedingungslose Liebe ist, und dass das Kleinste oft das Größte ist. Dafür bin ich ihm ewig dankbar.«

Visionen für einen (anderen) Umgang mit Trauer nach Schwangerschaftsabbruch

Ein letztes, sechstes Wort mit dem Hoffnungs-Zeichen V liegt mir am Herzen: das Wort »Visionen«. Ich habe die Vision, dass

Trauer nach einer Abtreibung enttabuisiert wird und in der Debatte um die weitere Legalisierung von Schwangerschaftsabbrüchen als ernst zu nehmende Größe vorkommt.

Ich habe die Vision, dass sich Angebote für Trauernde nach einem Schwangerschaftsabbruch in unserer Gesellschaft etablieren.

Ich habe die Vision, dass die Beratungssituation im Schwangerschaftskonflikt aufmerksam überprüft wird, um das Risiko zu minimieren, dass in einer Ausnahmesituation eine Entscheidung getroffen wird, an der die Betroffene im Nachgang fast selbst zerbricht.

Ich habe die Vision, dass dabei die gesetzlich untersagte und doch oft vorhandene Einflussnahme anderer auf die Schwangere in den Blick genommen und überlegt wird, wie dem entgegenzuwirken ist.

Ich habe die Vision, dass keine Frau ihre Trauer nach einem Schwangerschaftsabbruch verdrängen oder verstecken muss und die Vision eines achtsamen Umgangs mit Trauernden in dieser erschwerten Trauersituation.

Ich habe die Vision, dass Sternenkinder auch nach einem nicht medizinisch indizierten Abbruch gewürdigt und integriert werden – in ihren Familiensystemen und in unserer Gesellschaft. Denn alle ungeborenen Kinder bleiben ein Teil ihres Beziehungsnetzes und ein Teil des Ganzen.

Bei diesen Visionen geht es mir nicht darum, andere für eine Abtreibung zu verurteilen. Schließlich bin ich diesen Weg in einer fatalen Situation selbst gegangen. Ich möchte aus meiner schmerzlichen Erfahrung heraus jedoch dazu beitragen, dass zumeist ausgeblendete Aspekte des Reizthemas »Schwangerschaftsabbruch« ans Licht kommen: Eine Abtreibung ist oft nicht nur eine selbstbestimmte Entscheidung der Kindsmutter, und sie kann zu schweren Trauerreaktionen führen. Niemand sollte mit seiner Trauer nach einer Abtreibung alleingelassen oder sogar dafür verurteilt werden, dass die getroffene Entscheidung eine Lebenskrise ausgelöst hat.

Nicht zuletzt habe ich die Vision, dass in dieser erschwerten Trauersituation aus Brüchen Brücken werden können und dies zu Wachstum und Transformation führt. Den vielen Menschen, die nach einem Schwangerschaftsabbruch trauern, und ihren ungeborenen Kindern möchte ich abschließend folgende Worte widmen, die mir selbst einmal von einem väterlichen Freund zugesprochen wurden und für mich zu einer Brücke geworden sind, die mich bis hierher getragen hat und noch immer trägt:

»Es ist keine Situation so unmöglich, dass Gott nicht
noch etwas Segenvolles daraus machen könnte.«
(Jakob Abrell)

Ich habe es mit meinem Kind so erlebt. Und diese Erfahrung möchte ich mit anderen teilen, um zum Frieden und zur Heilung der vielen Menschen beizutragen, die unter der noch immer tabuisierten Trauer nach einem Schwangerschaftsabbruch leiden.

Rheinsheim 2024, Kirsten Patricia Häusler
& Elisabeth Benjamin (†30. März 2016)*

Literatur

Butollo, W., Pfoh, G. (2016). Wenn Zeit allein nicht heilt. Komplizierte Trauer begleiten. Ostfildern: Patmos.

Doka, K. (2014). Entrechtete Trauer. Leidfaden – Fachmagazin für Krisen, Leid, Trauer, 3, 4–8.

Günther-Greene, R. (2015). Tabu Abtreibung. Was Frauen fühlen und warum sie schweigen. Hamburg: Ellert-Richter Verlag.

Holz, A. (2021). Vom Leben getragen. Frankfurt a. M.: Mabuse.

Hoppe, G., Hoppe, L. (2013). Tobias – Wir sind Engel auf Erden. Unsere Reise ins erwachte Bewusstsein. München: Ansata.

Hühn, S. (2012). Ich seh dich dann im Licht. Emotionaler Frieden und Heilung nach Fehlgeburten und Abtreibungen. Darmstadt: Schirner.

Jatzko, S. (2021). Nicht jede Trauer ist ein Trauma. Bayreuth: AGUS e. V.

Kachler, R. (2017). Meine Trauer wird dich finden. Ein neuer Ansatz in der Trauerarbeit. Freiburg: Herder Verlag.

Klaassen, D., Gallagher, S. (2014). Haben wir noch ein Recht zu trauern? Leidfaden – Fachmagazin für Krisen, Leid, Trauer, 3, 21 ff.

Knoop, C. (2014). Eine Trauer im Schatten einer selbst getroffenen Entscheidung zum Schwangerschaftsabbruch. Leidfaden – Fachmagazin für Krisen, Leid, Trauer, 3, 72–75.

Knopf, M., Mayer, E., Meyer, E. (2015). Traurig und befreit zugleich. Psychische Folgen des Schwangerschaftsabbruchs. Norderstedt: Books on demand.

Leistner, H. (1997). Lass spüren deine Kraft. Feministische Liturgie. Grundlagen – Argumente – Anregungen. Gütersloh: Gütersloher Verlagshaus.

Mesch, D. (2010). Ausgeträumt. Die (Liebes)Geschichte einer Abtreibung. Norderstedt: Books on demand.

Meurois-Givaudan, D. (2013). Die ungeborene Seele. Trost und Hoffnung nach Fehlgeburt und Abtreibung. Güllesheim: Silberschnur.

Müller, W. P. (2014). Trauer in Träumen. Traumbilder können helfen und heilen. Göttingen: Vandenhoeck & Ruprecht.

Mucksch, N., Roser, T. (2023). Männer trauern als Männer. Praxisbuch für eine genderbewusste Trauerbegleitung. Göttingen: Vandenhoeck & Ruprecht.

Ohlsen, I. E. (2016). Mit dir im Herzen. Gedichte für Sternenmütter. Mit Skulpturen von Andrea Ohlsen. Salzburg: edition riedenburg.

Paul, C. (2010). Schuld. Macht. Sinn. Arbeitsbuch für die Begleitung von Schuldfragen im Trauerprozess. Gütersloh: Gütersloher Verlagshaus.

Paxino, I. (2018). Brücken zwischen Leben und Tod. Begegnungen mit Verstorbenen. Stuttgart: Verlag Freies Geistesleben.

Pokropp-Hippen, A. (2014). Wege zum Schattenkind. Kisslegg: fe-medienverlag.

Rode, B.-S. (2014). Von Libellen, Schmetterlingen und dem Tanz auf dem Regenbogen. Jenseitsbotschaften von Eltern, Kindern und Geschwistern. Berlin: Ullstein.

Rose, H. (2019). Doch die Gedanken bleiben. Die Geschichte einer Abtreibung. Norderstedt: Books on demand.

Santini, C. (2018). Kintsugi. Wie uns Bruchstellen im Leben stark machen. Der japanische Weg zur Resilienz. München: Kailash.

Schäfer, T. (2003). Was die Seele krank macht und was sie heilt. Die psychotherapeutische Arbeit Bert Hellingers. München: Knaur.

Schnegg, M. (2018). Was trägt? Trauer und Spiritualität. Göttingen: Vandenhoeck & Ruprecht.

Strecker, J. (2007). Rituale in der Arbeit mit Trauernden. Schlangenbrut, 98, 23–26.

Tobias/Hoppe, G., Hoppe, L. (2013). Wir sind Engel auf Erden. Unsere Reise ins erwachte Bewusstsein. München: Ansata.

Wolter, H. (2015). Mein unsichtbares Kind. Begleitbuch für Frauen, Angehörige und Fachpersonen vor und nach einem Schwangerschaftsabbruch. Salzburg: edition riedenburg.

Ziegler-Duregger, E. (2019). Wolkenschmerz. Lienz/Osttirol: Amazon KDP.